LA HAINE

DRAME

Représenté pour la première fois, à Paris, sur le théâtre de la GAÎTÉ,
le 3 décembre 1874

LA
HAINE

DRAME EN CINQ ACTES

PAR

VICTORIEN SARDOU

DE L'ACADÉMIE FRANÇAISE

PARIS

CALMANN LÉVY, ÉDITEUR

ANCIENNE MAISON MICHEL LÉVY FRÈRES

3, RUE AUBER, 3

—

1883

PERSONNAGES.

ORSO.	**MM.**	LAFONTAINE.
GIUGURTA SARACINI.		CLÉMENT-JUST.
ERCOLE, son frère		REYNALD.
LODRISIO MARISCOTTI.		ANGELO.
AZZOLINO, évêque de Sienne		DUGARIL.
BRAGUELLA, marchand		COURCELLES.

MALERBA		SCIPION.
SPLENDIANO } Chefs guelfes.		J. VIZENTINI.
UGONE		ANTONIN.
SOZZINI		SUDRAC.
PICCOLOMINI		ALEXANDRE FILS.
TOLOMEI } Chefs gibelins.		BILHAUT.
MALAVOLTI		HENRI.
BUONOCORSO		GALLI.
ZANINO } Soldats guelfes		BARSAGOL.
SCARLONE		CHEVALLIER.
MASTINO.		GASPARD.
LE LOMBARD.		HENRI.
LE PÉROUSIEN.		BARSAGOL.
LE FLORENTIN.		MEYRONNET.
LE LUCQUOIS.		COLLEUILLE.
LE BOLONAIS		MALLET.
LE PISAN		GASPARD.
CRISTOFORO		PAULIN.
UN CHANOINE.		SELIGNY.
UN MOINE.		BILHAUT
CORDELIA, sœur de Giugurta et d'Ercole Saracini.	**Mmes**	LIA FÉLIX
UBERTA, sa nourrice		MARIE LAURENT.
ANDREINO, fils de Uberta, 15 ans.		MARIE GODIN.
PORCIA.		ANGÈLE

A Sienne, 1369.

A M. AUGUSTE VITU.

Monsieur,

La critique vient d'accueillir ma nouvelle pièce avec une faveur si marquée que je veux la remercier ici publiquement de cette bienveillance, à laquelle je n'étais plus accoutumé ; et ce remerciement ne saurait être mieux placé que sous le patronage de celui qui m'a, le premier, prodigué l'éloge. Acceptez donc, Monsieur, pour vous et pour vos confrères, l'expression de ma reconnaissance ; et qu'il me soit permis de répondre en même temps à quelques questions et objections qui me sont faites.

Nos grands écrivains dramatiques du XVIIe siècle ne manquaient pas à publier, avec leurs pièces, la *Critique* de ces mêmes pièces, pour y plaider leur propre cause. — Cette coutume est perdue ; et je le regrette. — Que leur exemple serve du moins à me justifier ; mais, comme je n'ai pas la prétention de m'égaler à ces glorieux modèles, ma *Critique* de la *Haine* saura garder, ainsi que ma pièce, le rang qui lui convient, et n'affectera que la forme d'une simple et modeste causerie.

a

Et, pour commencer, je prendrai la liberté de répondre ici à trois lettres qui me sont arrivées par le même courrier, et qui ont trait à la même question.

La première me demande dans quelle chronique italienne j'ai puisé l'idée première de mon drame. — Et l'auteur de cette lettre, qui signe bien, mais oublie de donner son adresse, « — *a quelque vague souvenir d'une histoire de ce genre, racontée par Giovanni Villani, à propos de la délivrance de Sienne.* » Mon correspondant se trompe. — Villani est mort de la peste en 1368, — un an par conséquent avant la défaite de Charles de Bohême : et je ne connais rien, dans ses récits antérieurs, qui ressemble à l'histoire de Cordelia.

Mon second correspondant n'oublie pas, lui, de donner son adresse; mais il oublie d'être poli. — Il ne demande pas où « — *J'ai pillé cette légende.* » — Il le sait ! « — *C'est un vieux conte aussi célèbre en Italie que celui de Francesca, de Guido et Ginevra, de Roméo et Juliette, et de la Siennoise Pia de Tolomei ; et si je ne révèle pas ma source originale, il la révélera lui-même dans le Figaro.* » — Je ne saurais assez l'y encourager !

La troisième lettre est plus douce. — Elle est d'une dame. — Cette dame a parié que j'avais emprunté ma fable à un vieux roman du XVIIe siècle, intitulé : *Les amants de Sienne.* — Je regrette de lui déclarer qu'elle a perdu son pari. — Je connais bien ce roman ; mais je ne lui dois rien : et la prétendue légende d'*Orso et de Cordelia* est toute de mon invention; — ou je serais bien trompé!

Mais elle n'est pas sortie tout armée de mon cerveau ; et jamais enfantement ne fut plus pénible que celui-là.

Tout le monde a pu croire, par exemple, que la première pensée qui m'a dicté *la Haine* fut celle-ci : — Donner un pendant à *Patrie!* — Y étaler la guerre civile dans toute son horreur, et conclure en invitant les partis ennemis, à la concorde, pour faire face à l'Ennemi commun... — Cette idée se dégage si nettement de mon drame, elle le résume si bien, qu'elle semble l'avoir dicté tout entier. — Il n'en est rien pourtant : — et ce que l'on croit mon point de départ, n'est tout justement que mon point d'arrivée.

Préoccupé de *Patrie,* je l'étais en effet; mais de tout autre façon qu'on ne le pense... — C'était une question de Femme. — Voici comment :

Au risque de passer pour bien naïf, j'avoue que j'ai la dévotion de la Femme, et que mon estime pour elle s'accroît encore tous les jours! — Dans cet abaissement trop sensible de l'esprit public, dans ce désarroi de notre intelligence sans clartés, et de notre raison sans boussole, je ne vois debout que l'éternelle bonté de la Femme, qui me semble grandie de tout l'écroulement du reste. — Là où notre esprit s'éteint, son cœur resplendit. — Le mari ne vaut pas l'épouse. — Le frère ne vaut pas la sœur. — Le père n'égale pas la mère ! — Vaincus par elles au foyer domestique, nous croyons nous rattraper comme citoyens... ô Parisien, rappelle-toi les Parisiennes du siége !

Aussi, dans mes pièces, la Femme a-t-elle presque toujours le beau rôle : celui du bon sens, de la tendresse, du dévouement !... Je ne dis rien de mes jeunes filles. — C'est une collection dont je suis fier. — A part une ou deux *Américaines,* et les *Benoîton,* on les épouserait toutes ; — et ce n'est pas un mince éloge !

Il y a pourtant bien quelques taches noires dans ce blanc cortége. *Séraphine,* par exemple, mais surtout *Dolorès !* — Celle-là, qui m'était imposée par la donnée même de *Patrie,* a longtemps hanté mon sommeil, pour me reprocher de l'avoir faite si coupable. Je m'étais bien promis une création tout autre, où la femme apparût dans tout l'éclat de sa bonté native. — Et c'est ainsi que *Patrie* a donné naissance à *la Haine; Cordelia* n'ayant pour but que d'expier *Dolorès !...*

J'ignore comment l'idée dramatique se révèle à l'esprit de mes confrères. Pour moi, le procédé est invariable. Elle ne m'apparaît jamais que sous la forme d'une sorte d'équation philosophique, dont il s'agit de dégager *l'inconnue.* — Dès qu'il s'est posé, ce problème s'impose, m'obsède, et ne me laisse plus de repos que je n'aie trouvé la formule.

Ainsi, pour *Patrie,* le problème s'était posé de la sorte :

Quel est le plus grand sacrifice qu'un homme puisse faire à l'amour de la Patrie?

Et la formule trouvée, la pièce en découlait toute seule.

Pour *la Haine,* et en vertu de ce que je viens de dire, le problème se posait de la sorte :

Dans quelle circonstance, la charité native de la femme s'affirmera-t-elle d'une façon éclatante?

La formule trouvée, et non sans peine, fut celle-ci :

Ce sera quand, victime d'un outrage pire que la mort, elle éprouvera pour son bourreau un sentiment de pitié, qui la fera voler à son secours.

On conçoit bien que ceci n'était que l'embryon, le germe de l'idée; mais il y avait déjà création : la pièce était encore à naître; mais elle était conçue. — Elle avait son âme! — Il ne fallait plus que lui donner un corps.

Et je dis qu'elle avait son âme, parce qu'il n'est pas de pièce viable, si elle ne repose sur une idée primitive, éternellement juste et vraie; et que j'avais le bonheur d'être en possession d'une idée de cette sorte: — *La femme versant à boire à son propre bourreau.*

Que tant de bonté semble excessive à quelques per-

sonnes, je n'en suis pas surpris; car ces personnes-là
sont des hommes. — Mais pas une femme ne protes-
tera contre l'action de Cordelia; car il n'en est pas une
qui ne sente bien qu'à sa place elle agirait comme
elle! — C'est d'ailleurs affaire d'exécution. — Pour
que l'élan de Cordelia semble tout naturel, il suffit
que le dernier appel d'Orso soit plus déchirant que les
autres. — Qu'elle hésite encore!... et tous les spectateurs lui crieront: « — Mais donne-lui donc à boire!... »
— Et qu'elle s'éloigne, sans en rien faire... un cri
d'horreur saluera son départ!

Donc, ma pièce était bien là, prête à pousser ses
feuilles et ses fruits, à la seule condition de lui trouver
le sol favorable et le soleil propice. — Et c'est de quoi
je me mis en quête.

Mais voyez, pour le dire en passant, combien nous
sommes encore loin de Sienne, des Guelfes et des Gibelins, et de tout le reste!

Plus loin même qu'on ne pense!—Car une première
condition s'imposait à ma donnée dramatique : c'est
qu'elle se développât dans un milieu de violence justi-
fiant la brutalité dont mon héroïne devait être la victime; et, sur ce point–là, l'Histoire, qui n'est qu'une
longue abomination, ne me laissait que l'embarras
du choix! — Encore fallait-il choisir.

Alexandre Dumas, premier du nom, dit quelque
part : « L'Histoire est bonne personne. — Soyez en

possession d'un bon sujet dramatique, elle vous four-
nira toujours le milieu qui lui sied le mieux et le cadre
qui le met le plus en relief. »

Et j'avais déjà vérifié l'exactitude de cet aphorisme, pour *Patrie,* qui, promenée d'abord de Venise à
Londres, s'était définitivement installée dans les Flan-
dres, à croire qu'elle y avait pris naissance.

Mais, pour la *Haine,* que de chemin je devais faire !

Je pensai d'abord à la *Fronde :* mais pas longtemps,
il faut le dire...—Cette guerre de cancans, d'intrigues
et de chansons, de ruelles et de paravents, n'était point
mon fait. Et je ne voyais pas là de poitrines assez larges
pour les passions que j'y voulais mettre. — Et puis où
trouver là-dedans mon héros? — Le peuple n'était pas
né. —Fallait-il chercher mon homme dans cette bour-
geoisie ridicule qui faisait cause commune avec ses
pires ennemis, — contre la Royauté, son alliée naturelle!... Je ne voulais pas d'un héros si maladroit.

Je me rabattis alors sur la *Ligue.* — Mais là encore,
le même boutiquier, travaillant de tout son cœur à
retarder sa propre émancipation, et à livrer la France
à messieurs les Espagnols...

Je remontai jusqu'à Charles VII, et toujours le même
homme, patrouillant aux remparts, et repoussant dans
Jeanne d'Arc l'unité française, au profit de messieurs

les Anglais — avec cet admirable instinct du faux et de l'absurde, qui lui fait rarement défaut aux plus mauvais jours de notre histoire !

Je compris qu'il n'était que temps d'émigrer, mon idée et moi... — Et, franchissant les Alpes, nous nous trouvâmes en pleine Italie du XIV siècle !

Là !... partout la guerre civile, non pas intermittente, comme chez nous; mais à l'état endémique. — Une tuerie de trois siècles ! de ville à ville, de rue à rue, de chambre à chambre ! — Des passions sauvages, primitives, bestiales ! Des fureurs de tigres, des perfidies raffinées et savourées avec une féroce ivresse ! — Mais parfois, au milieu de ces horreurs, quelque acte d'un héroïsme inouï : et pour faire oublier des crimes hors nature, des vertus plus qu'humaines ! — Partout nfin, à Pise, à Florence, à Bologne, partout l'amour, au début comme à l'apaisement de toutes les discordes. — Toujours et partout *la Femme !*... Je compris que j'étais arrivé !...

Mais de Florence, de Pise, de Bologne, etc., que choisir ? — J'optai pour Sienne... Car, dès mon premier pas dans cette admirable ville, je vis bien que mon action s'était passée là, et pas ailleurs ! — Cette ville montueuse, ces ruelles étroites, ces *costarelles* bordées de murs sinistres et commandées par ces tours que tout Siennois avait le droit d'élever après une action d'éclat, et qui se trouvèrent un jour si nombreuses qu'il fallut en raser les trois quarts !... tout cela

garde à tel point, aujourd'hui même, sa vieille figure
d'autrefois, que mes décors semblaient tout placés, et
n'attendaient plus que l'entrée de mes personnages.

Et puis quelles mœurs ! — Des combats qui res-
semblent à des fêtes.—Des fêtes qui ont l'air de combats !
—Des courses de chevaux héroïques d'audace... — Ce
jeu des *pugni,* où toute la ville se dispute un ballon à
coups de poing le matin, à coups de couteaux le soir ?
— Une telle soif de bataille, que l'hiver, quand chôme
la guerre civile, on se bat d'une tour à l'autre, avec
des boules de neige ; et que les magistrats sont obligés
d'intervenir, tant les femmes s'y passionnent !... On
conçoit que chez ce peuple de batailleurs, je n'étais pas
en peine de faire naître la querelle qui devait enfanter
toute ma pièce. — La lutte de Guelfes à Gibelins en-
traînait facilement l'outrage, puis la vengeance, puis
le pardon !... Mais là, je m'aperçus tout à coup que,
croyant tout avoir, je n'avais plus rien... Et ce fut un
beau moment de découragement et de peur !...

C'est qu'en effet, en s'élargissant, le cadre menaçait
de faire craquer la toile. — La guerre civile prenait
dans mon drame une telle importance, qu'elle com-
mençait à le dominer de toute part. — Mon idée première, la charité de Cordelia, réduite aux simples pro-
portions d'un acte de bonté personnelle, se noyait, ina-
perçue, dans cette grande lamentation d'une ville en
furie ! —C'était bien du salut d'un homme qu'il s'agis-
sait maintenant ! — Il y allait de celui de tout un

Peuple! — Pour que j'eusse le droit de pousser plus avant, la femme devait se compléter de la citoyenne!... Sa charité devait grandir à la hauteur d'un enseignement! — Et il fallait que l'eau versée par la Gibeline au Guelfe agonisant fût la source où leur Patrie commune allait boire l'oubli des injures et l'amour de la concorde!

Et là seulement, et pour la première fois, m'apparut l'idée patriotique qui m'avait échappé jusqu'alors...

Seulement, avec le programme ainsi grandi, la difficulté grandissait aussi. — Transformer Orso, par l'exemple du pardon et par le remords — bien!... Mais quel acte lui faire accomplir, à la prière et en l'honneur de cette femme, pour rendre à tout un peuple le bienfait qu'il avait reçu d'elle?

Je puis dire que j'ai rencontré dans ma vie peu de difficultés pareilles à celle-là! Et j'ai bien cru que je n'en sortirais pas. — Mais c'est là que j'ai pu reconnaître aussi, à quel point est juste l'aphorisme de Dumas, et quelle précieuse collaboratrice est l'Histoire, pour qui sait l'interroger. — Ce que je cherchais, elle me le fournit elle-même : et plus grand que je ne l'aurais trouvé tout seul. — Quand l'Histoire fait du drame, elle le fait bien!

« Le 18 janvier 1369, disent les chroniques, l'empereur Charles de Bohême entrait dans Sienne avec trois mille lances, commandées par le vicaire impérial Malatesta

Unghero. — Il venait, sous le prétexte de rétablir les Gibelins dépossédés par les Guelfes, mais en réalité pour faire acheter bien cher sa neutralité et son départ. A sa vue, Guelfes et Gibelins, vainqueurs et vaincus, oubliant leurs discordes séculaires, se ruèrent sur lui avec un tel ensemble et une telle furie, qu'après sept heures de combat, l'Empereur, écrasé, fut trop heureux d'avoir la vie sauve, et de quitter la ville à des conditions plus douces qu'il ne le méritait. »

Il me suffisait de donner à Orso l'initiative de ce beau mouvement, pour lui faire attester son repentir et lui mériter son pardon !

Et voilà comment m'apparut enfin la lumière si longtemps cherchée... Comment l'appel à la concorde, qui semble avoir inspiré toute ma pièce, ne s'y est révélé qu'à la dernière heure, s'imposant en quelque sorte de lui-même. — Comment enfin, ce qui paraît être la racine de mon drame, n'en est, au contraire, que l'épanouissement et la fleur !

Maintenant qu'il me soit permis de répondre à quelques objections qui me sont faites.

Vous me demandez si l'évêque Azzolino est un personnage historique, et vous doutez, en tout cas, qu'il ait joué ce rôle, tout de conciliation. — Azzolino Malavolta fut le soixante-septième évêque de Sienne, et voici ce que dit de lui Antonio Pecci (*Storia del Vescovade della*

cita di Siena, p. 274 et 283). — « *Molto adoperossi
questo zelante Prelato per riunire gli animi discordi de
nobili et popolari che spesso venendo a fieri civili con-
trasti, se spargeva continuamente del sangue, etc., etc.* »

M. Édouard Fournier, dont l'approbation m'est dou-
blement précieuse, blâme la conduite de cet Évêque,
qui ne devrait pas, dit-il, fuir devant les pestiférés,
mais les secourir, comme Belzunce. — M. Fournier
oublie que nous ne sommes pas encore au temps où
les pestiférés étaient secourus. Azzolino lui-même n'a
pas le droit de leur venir en aide. Le décret de Malerba est formel : «*On isolera toute personne atteinte de la
contagion, pour étouffer le fléau dans son germe.*»—Que
l'Évêque tende la main à Orso, et il sera, lui aussi,
rayé du nombre des vivants, ce qui n'est pas la bonne
façon d'exercer son devoir pastoral.

Quelques personnes n'estiment pas Orso et Cordelia
assez dignes d'intérêt. L'outrage dont Cordelia est victime leur semble, de sa nature, plus jovial qu'atten-
drissant... A quoi je n'ai rien à répondre...—Et à leur
avis, Orso ne fait rien d'assez grand pour expier son
crime. — Je sais pourtant de fort honnêtes gens qui
voudraient bien que quelque Orso fît de temps en temps
pour notre patrie, ce que celui-là fait pour la sienne.

D'autres affectent de se méprendre sur le sentiment
qui pousse Cordelia à secourir Orso. «—C'est de l'amour,
disent-ils,... et cela est monstrueux! » — Point du

tout!... c'est de la pitié... et cela est tout naturel! — Quoi! de la pitié seulement, cet empressement à le recueillir chez elle, pour assurer sa guérison? » — Pas autre chose. — « Et quand elle empêche son frère de fuir par la chambre d'Orso... ce n'est pas de l'amour, cela? » — Pas davantage, mais seulement la conséquence forcée de tout ce qu'elle a déjà fait pour expier son meurtre!... Voulez-vous qu'elle l'ouvre, cette porte, et qu'elle dise à Giugurta : « Le voilà, celui que tu veux égorger!... J'ai commencé!... Achève!... » — « Mais n'est-il pas horrible que pour sauver cet homme, elle expose son frère à une mort certaine? » — *Certaine*... non!... *possible* seulement; et, entre le péril probable de Giugurta et la mort assurée d'Orso, faites un choix pour elle, si vous l'osez!... Que l'alternative soit cruelle, — d'accord!... Aussi hésite-t-elle assez!... et Orso est bien près d'être sacrifié... quand Uberta, en entraînant le frère, dicte à la sœur son vrai devoir : — qui est de ne livrer, à aucun prix, la victime sans défense au bourreau sans pitié!

Mais enfin, tout cela n'est pas de l'amour. — C'est l'accomplissement résolu d'un acte de charité... — Rien de plus! — L'amour n'apparaît même pas au début de la scène suivante. Le remords d'Orso ne lui gagne que son pardon. — Et ce n'est que lorsqu'il a sauvé à la fois Giugurta, les Proscrits et Sienne tout entière... que son dévouement arrache à Cordelia le cri d'amour qu'il a bien mérité!

Quelques spectateurs admettant sans difficulté l'élan

charitable de Cordelia, se réjouissent même de l'amour qui en résulte; mais ils n'acceptent pas facilement la mère pardonnant au meurtrier de son fils. — C'est qu'ils oublient qu'Uberta est une fervente chrétienne, et que c'est pour elle un argument triomphant que ce cri de Cordelia : « — *Ce fils que tu pleures... tu ne le reverras jamais... si tu ne sais pas d'abord pardonner comme lui!* »

Quant au dénoûment, vous le trouverez ici, Monsieur, tel qu'il a été conçu et sans aucun des sacrifices que j'ai dû faire, avant la première représentation, aux défaillances d'un artiste malade.

Cette fin a paru trop sombre; et l'on m'a conseillé de ramener tout le Peuple aux cris d'Orso : « — *Pour qu'il eût, du moins, la consolation de rendre l'âme au milieu de la foule!* » — Serait-ce une consolation?

D'autres, sans rien proposer, déclarent cette mort, dans l'isolement et l'abandon, un châtiment trop effroyable. — J'ai peur que ces personnes-là ne jugent trop de mes héros par elles-mêmes. — Orso et Cordelia ne sont pas des Athées de ce temps-ci... mais des Fidèles de ce temps-là!... qui n'en sont plus à se demander, avec Platon : « — *Si ce n'est pas la Vie qui est la Mort, — et la Mort qui est la Vie?...* » — Ils ont le bonheur d'en être parfaitement sûrs. — Cette fin, qui leur ouvre le ciel, n'est donc pas le châtiment... c'est le salut. « — *Quittons ce monde, dit Cordelia,*

*où nous n'avons plus rien à faire... et viens dans la
Patrie céleste... où l'on ne souffre pas!... où l'on ne
hait pas!... où l'on aime!...»* — Et Orso, résigné, hâte de
ses vœux la commune délivrance! — Mourir ainsi sous
les voûtes sacrées, dans les bras l'un de l'autre, absous
par l'Église, unis par elle... avec Dieu pour témoin...
est-il une plus belle fin, pour deux âmes vraiment
chrétiennes?... — Le spectateur peut-il apprécier une
telle mort sans s'identifier aux personnages qui la
subissent? — Et pour savoir si elle est cruelle ou non,
doit-il la juger au point de vue de son Incrédulité, —
et non point à celui de leur Croyance?

D'autres Critiques, enfin!... Mais je n'en finirais pas
à discuter toutes les objections qui me sont faites. —
Jusqu'à la prononciation de mes noms Italiens!... —
que l'on aurait mieux aimée vicieuse!

Aussi bien, le plus sage est-il de laisser ma pièce se
défendre toute seule. — Car, ou ces objections ont
leur force... et tous mes raisonnements n'y feront
rien... ou elles sont sans valeur : — et, dès lors, elles
tomberont d'elles-mêmes.

Je m'arrête donc,... en me bornant à deux réflexions
dernières :

Vous avez applaudi, Monsieur, aux efforts de mon
style, pour être constamment à la hauteur du sujet...
et ce suffrage me console de la sévérité de certaines

gens, qui n'ont pas la même autorité que vous en telles matières.

Enfin vous avez déclaré que ma pièce ennuierait tous ceux : « — Qui ne savent ni *sentir* ni *penser*. »

Et c'est de tous vos éloges celui dont je suis le plus fier.

Agréez, Monsieur, l'expression de mes sentiments tout dévoués.

VICTORIEN SARDOU.

LA HAINE

ACTE PREMIER.

Un carrefour près de la rue Camollia. — A gauche, premier plan, une haute et large voûte qui mène à la porte Camollia : au-dessus, une ruelle bordée par une rampe vers la place, et de l'autre côté par des maisons. — Du même côté, à l'avant-scène, une fontaine à vasque de pierre, et au deuxième plan un escalier par où l'on monte à la rue d'en haut. — Au fond, autre voûte : une sorte de pont reliant deux rues. — Sous la voûte, on aperçoit au delà, la rue Camollia, et tout au loin, les clochers et les tours de la ville. — Toute la partie droite est occupée par le palais Saracini ; grande construction sévère, moitié brique moitié pierre, décorée çà et là de peintures religieuses à fresques. — Les rares fenêtres sont toutes garnies de barreaux de fer. — Le couronnement se découpe en créneaux. — Les portes sont murées, ou closes par des grillages énormes. — Une grande fenêtre à trois baies occupe le pan coupé au deuxième plan à la hauteur d'un premier étage ; elle est également garnie de grilles en fer et ouvre sur une sorte de balcon, pris dans l'épaisseur du mur, à rampe de fer très-simple et très-solide. — Au-delà du pan coupé, la grande tour du palais, percée de rares ouvertures, se perd dans la frise. — Au premier plan, une voûte se fermant à volonté par une herse de fer. — L'action commence au coucher du soleil.

SCÈNE PREMIÈRE.

BRAGUELLA, LE PISAN, LE LUCQUOIS, LE BOLONAIS, LE PÉROUSIEN, LE FLORENTIN, Deux Marchands, Femmes de Sienne, Bourgeois, Enfants, Artisans.

(La charrette du Bolonais, attelée de bœufs et chargée de ballots de marchandises, est arrêtée sur la droite de la place. — Il est assis sur ses

paquets, et frotte un oignon sur son pain : un enfant à l'arrière de la charrette, les jambes pendantes. — En tête, près des bœufs, le conducteur avec
son aiguillon. — Le Florentin, assis sur la margelle de la vasque, sa valise
près de lui, prend également son repas. — Deux autres marchands, interrompant le leur, prêtent l'oreille vers la gauche, où l'on entend les détonations des bombardes, très-au loin. — Braguella descend par l'escalier de
gauche et leur apporte une jarre, où chacun puise. — Dans la rue haute,
des femmes écoutent le combat, sur le pas des portes. — Au fond, sous la
voûte, bourgeois, femmes, enfants prêtant également l'oreille et s'agitant à
chaque détonation.)

LE BOLONAIS.

Tenez!... entendez-vous la bataille?...

BRAGUELLA, déposant sa jarre à terre.

Ah! bien, maintenant..., si les bombardes s'en mêlent!...

LE LUCQUOIS, arrivant par le fond, avec un ballot de marchandises.

Eh! là-bas! compères!... c'est donc vrai qu'on se bat sur
la route de Florence?...

BRAGUELLA.

Vous n'entendez pas? (Il remonte pour écouter.)

LE LUCQUOIS, jetant son ballot à terre.

Et qui se bat?...

LE FLORENTIN, haussant l'épaule.

Les Siennois!...

LE LUCQUOIS.

Et contre qui?

LE BOLONAIS, railleur, continuant son repas.

Contre les Siennois donc! belle demande...

LE LUCQUOIS, puisant à la jarre.

Entre eux!... toujours!... — Imbécile de peuple, va!...
J'arrive de Lucques pour le grand marché de demain, et je
n'ai pas plus tôt débouclé mon ballot, que leur damnée
musique me force à plier bagage!...

LE FLORENTIN.

Nous en sommes tous là!...

LE LUCQUOIS, montrant le poing aux clochers du fond.
Si on m'y rattrape dans leur ville du diable!...

LE PISAN, arrivant par la voûte de droite avec deux seaux à la main.
Et moi donc!... le temps de donner à boire à mes mules et je retourne à Pise plus vite que je ne suis venu! (Il remp!'t ses seaux à la fontaine.)

LE PÉROUSIEN, en paysan, sur la margelle de la rue haute
à gauche.
Dites donc, vous autres!... il sera beau le marché de demain!... pour la grande fête!

TOUS, haussant l'épaule.
Oui!...

LE PISAN.
Il va bien, à présent, leur fameux commerce!... (Le Pérousien descend par l'escalier. — Détonations très-lointaines. — Le Lucquois s'assied au milieu près de la charrette, sur son ballot.)

LE BOLONAIS, riant.
Tenez! tenez! s'arrangent-ils? (Rires des marchands.)

BRAGUELLA.
Ça vous fait rire, vous, des fils de la même ville qui se déchirent comme ça?...

LE BOLONAIS.
Tiens!... Toutes les fois que nous nous sommes battus entre nous, à Bologne, on s'est donc lamenté ici sur notre compte?

LE PÉROUSIEN, qui est descendu et qui puise à la jarre.
Il a raison le Bolonais!... — De jolis voisins, vos Siennois!

LE LUCQUOIS.
Jaloux!... ingrats!...

LE FLORENTIN.
« Plus vaniteux, dit le Dante, que les Français eux-mêmes!... »

LE BOLONAIS.

Oui..., à les entendre il n'y a que leur lainage !...

LE PISAN.

Oui, oui, qu'ils se mangent !... Pendant ce temps-là, ils ne fabriquent plus, et nos draps se vendent !...

LES MARCHANDS, riant.

Voilà !...

SCÈNE II.

LES MÊMES, LE LOMBARD. (Il arrive par la voûte de gauche.)

BRAGUELLA.

Ah ! c'est le changeur ! — Vous arrivez de Florence, Lombard ?

LE LOMBARD.

Oui, et je vais à Rome !

LE PISAN.

Le César Romain se marie donc là-bas ?...

LE LOMBARD.

Pour la quatrième fois !... et le Pape renonce décidément à Avignon !...

LE PISAN.

Je crois bien ! — Lui et l'Empereur, ils s'entendent tous deux !

LE FLORENTIN, aidant le Lombard à déposer sa sacoche.

Et vous n'êtes pas tombé en pleine bataille, avec votre argent ?...

LE LOMBARD.

Ils ne m'ont pris que mon cheval à Poggibonzi !

LE BOLONAIS.

Où se bat-on ?... (Mouvement de tous les Siennois, pour descendre et écouter.)

LE LOMBARD, assis sur la margelle de la fontaine, pour souffler.

Vers la Fontaine des Boucs!...

BRAGUELLA.

Saint Georges!... ça se rapproche!...

LE LUCQUOIS.

En somme, qu'est-ce que c'est que cette affaire–là? (Tout le monde prête l'oreille.)

LE LOMBARD.

Ce sont les proscrits Guelfes de Sienne qui reviennent en force, avec des aventuriers allemands de la compagnie du capitaine Lando, qui leur ont fourni de grosses bombardes! — La seigneurie de Sienne a dépêché son monde pour garantir la ville; et on s'égorge tout doucement, entre parents et amis!...

LE FLORENTIN.

Et leurs chefs?...

LE LOMBARD.

Trois ou quatre qui commandent!... mais celui qui mène tout est un nommé Orso...

BRAGUELLA.

Ah! bien, si tous les autres le valent, celui-là!... ils ne seront pas longs à entrer!

LE PISAN.

Tu le connais?

BRAGUELLA.

Orso! — Je crois bien!... — C'est le fils de Scevola Savagnano!

LE LUCQUOIS.

Le cardeur de laine?...

BRAGUELLA.

Juste! — Orso lui a succédé dans son commerce,... et là-haut était leur maison... rasée depuis qu'on l'a proscrit!...

LE PISAN.

Pourquoi proscrit?

TOUS.

Oui... pourquoi?

BRAGUELLA.

Oh! une affaire du diable! — C'est cette fenêtre-là, tenez, qui en est cause... (Il désigne la grande fenêtre du palais Saracini.)

LES MARCHANDS, regardant.

Celle-là?...

BRAGUELLA.

Voici comment! — Vous saurez d'abord qu'Orso est un grand beau garçon, solide, bien découplé... en ce temps-là, de la plus belle humeur qui fût au monde, et pour la force ou l'adresse, sans rival dans toute la jeunesse de la ville! — Aussi aux élections de la Saint-Martin, de l'autre année, fut-il nommé gonfalonier de sa *Contrade*.

LE LOMBARD.

Sa *Contrade?* (Canonnade lointaine de temps en temps.)

BRAGUELLA.

Oui! — La ville n'a pas seulement ses trois quartiers; — ses *Tiers,* comme nous disons : — *Tiers* de *Saint-Martin, Tiers* de *la Cité, Tiers* de *Camollia,* où nous sommes!... Elle est aussi divisée en seize *Contrades* ou petits cantons, et les artisans de chaque *Contrade* forment une compagnie, qui, les jours d'élections, de fêtes ou de combats, marche en armes, avec sa bannière...

LE LOMBARD.

Bien!

BRAGUELLA.

Toutes ces *Contrades,* quoique d'artisans, n'ont pas la même opinion. Les unes, *des arts mineurs,* sont *Guelfes* et tiennent pour le gouvernement populaire. — Les autres, *des arts majeurs,* sont *Gibelines* et tiennent pour la noblesse! — Or, tous les ans, de la Visitation à la Saint-Pierre, on

fait ici, comme vous savez, des courses de chevaux sur la
grande place, où chaque *Contrade* a son cheval, monté par
un cavalier de son choix! — Il advint que l'an passé, le
prix fut gagné par le cheval de la *Contrade* du *Dragon,* qui
est Guelfe... et que le cavalier vainqueur fut précisément ce
même Orso qui nous occupe!...

LE PISAN.

Bon!...

BRAGUELLA.

L'usage veut,... quand la foule a bien acclamé et fleuri le
cavalier vainqueur, que toutes les *Contrades,* la victorieuse
en tête, aillent à Sainte-Marie de Provenzano, rendre grâce
à la Patronne de la ville!... — Orso, guidant le cortége,
débouche, à la nuit, sur cette place, et avise, à la lueur des
torches, deux femmes qui, de cette fenêtre, contemplent le
défilé! — Sans prendre garde que ce palais est celui des
Saracini, les plus nobles des nobles et les plus Gibelins des
Gibelins de la ville! et que l'une de ces femmes est l'altière
Cordelia, qui vit là, entre ses deux frères, Giugurta et
Ercole,... Orso détache une des couronnes de son bras et la
jette à Cordelia. Mais celle-ci qui, d'un Guelfe croit la galan-
terie dérisoire, saisit la couronne au vol, et la lui relance en
plein visage, avec ces mots : « *Des fleurs à cet homme ? —
Il ne lui fallait que des chardons !* » faisant allusion par là
à son métier de cardeur de laine! — Bondissant sous l'injure, Orso et toute sa *Contrade* vocifèrent : « A mort la Gibeline, meurent les Saracini!... » Cordelia disparaît; et il est
temps... car déjà les vitraux du palais volent en éclats! —
Cependant les autres *Contrades* envahissent la place, se
poussent, s'entassent et crient, suivant leurs factions!...
puis aux cris succèdent les menaces, les bourrades, les
torches qu'on se jette à la tête, les traits d'arbalète qui
volent, et enfin les couteaux qu'on dégaîne!... — Si bien que
le défilé tourne en combat, la fête en massacre! — Et tout
ça pourquoi, bonté divine?... Pour des fleurs jetées à une
femme!...

LE FLORENTIN.

Toujours une femme, compère, à l'origine de toutes nos discordes!...

LE PISAN.

Toute l'Italie en est là.

TOUS.

Oui.

BRAGUELLA.

Oui, mais dans toute l'Italie, il n'y a jamais que deux tranches, — Guelfes ou Gibelins. — Tandis que chez nous il y en a trois!

LES MARCHANDS.

Trois!

BRAGUELLA.

Le Mont des Nobles! — Gibelins! — le Mont du Peuple, Guelfes, et entre les deux, le Mont des Marchands, autrement dit des riches, autrement dit des *gras!* — Guelfes et Gibelins flottants, suivant l'intérêt du moment! — Or au temps dont je parle, c'est-à-dire le deux septembre de l'an passé, le pouvoir était aux mains des Marchands ou des *Douze,* qui depuis nombre d'années, avaient supplanté celui des Nobles ou des *Neuf!* — La bataille éclate, les Gibelins l'emportent : suppression des *Douze* et installation des *Treize,* tous Nobles! — Mais le vingt-quatre dudit mois, nouveau combat : expulsion des *Treize,* réinstallation de nouveaux *Douze;* quatre des anciens, cinq du peuple, trois des *Neuf!*... — Mais le quinze décembre, autre bataille... Expulsion des *Douze,* et installation des *Quinze...* heureuse combinaison des *Neuf* et des *Douze!* — Mais le...

TOUS, protestant.

Oh!...

BRAGUELLA.

Oui, restons-en là! — Bref, au moment où nous sommes, le parti régnant est celui des Nobles, autrement dit des nouveaux *Neuf!*... lesquels ont, depuis un an, proscrit nombre de Guelfes, Orso en tête! — Seulement, à la façon dont le combat se rapproche... le gouvernement des *Neuf* pourrait bien être remplacé ce soir par celui des *Dix-sept* ou des *Vingt-et-un,* ou de tout autre nombre dont on n'a pas encore essayé la vertu!... (Les marchands font leurs apprêts de départ, pendant tout ce qui suit.)

LE LOMBARD, reprenant son bâton.

Les proscrits m'ont paru en force!...

LE LUCQUOIS.

Pour peu qu'ils aient avec eux tous leurs amis de Bologne et de Pérouse!...

LE PISAN, dans ses dents.

Oh! ça!... si ces mauvais Guelfes de Pérousiens s'en mêlent...

LE PÉROUSIEN.

Eh! doucement, l'homme! — Je suis de Pérouse, moi, qui vaut bien Pise!...

LE FLORENTIN, railleur.

Surtout depuis le port de Télamone!...

LE PISAN, au Florentin.

Oui, une belle infamie de vous autres Florentins!...

LE FLORENTIN.

Ne fallait-il pas accepter votre impôt au mépris des traités?

LE BOLONAIS, riant.

Le fait est que ça...

LE PISAN, furieux, se retournant vers lui.

Tu jappes, toi, mauvais petit chien du Pape!

LE BOLONAIS, debout sur sa charrette.

Le petit chien te mordra les côtes, vil Gibelin de Pisan.

LE PISAN.

Toi!... Essaye donc.

BRAGUELLA, sauvant sa jarre.

Eh! gare à la boisson!

2.

LE LUCQUOIS, au Pisan.

Laisse donc!... Un Bolonais!

LE BOLONAIS.

Un Bolonais vaut mieux qu'un Lucquois comme toi, esclave!

LE LUCQUOIS, jetant son ballot et s'élançant sur la charrette.

Esclave! (On le contient.)

LE BOLONAIS, tirant son couteau.

Oui, esclave!... Vous n'êtes bons, vous autres Lucquois, qu'à laver la vaisselle des Pisans.

LE LUCQUOIS ET LE PISAN, prêts à prendre la charrette d'assaut.

Racaille de Gibelins!...

LE FLORENTIN ET LE PÉROUSIEN, prêts à secourir le Bolonais.

Canaille Guelfe!... (Au moment où ils vont en venir aux couteaux, coup de canon plus rapproché.)

BRAGUELLA, sous la voûte.

Ça chauffe! — On va fermer les portes!

TOUS, rengaînant.

Les portes! Oui! oui! Partons!

LE PISAN, montrant le poing.

Mais nous nous retrouverons!

LE BOLONAIS, entraînant ses bœufs; **LE FLORENTIN ET LE LUCQUOIS**, se menaçant.

Sois tranquille!... (Tous détalent vivement avec leurs ballots par le fond et par la droite).

BRAGUELLA, mettant une de ses jarres sur son épaule.

Et voilà l'amitié qui règne depuis les Alpes jusqu'à la Sicile!... (Sons de trompettes au fond.)

SCÈNE III.

GIUGURTA, LODRISIO, ERCOLE, TOLOMEI, SOZZINI, PORCIA, FEMMES, BOURGEOIS, ARTISANS.

(Giugurta entre par la voûte de gauche, à cheval, couvert de poussière, et dans tout le désordre d'un combat. — Sozzini et trois hommes avec lui — Lodrisio et Tolomei, en tenue de combat aussi, paraissent au fond, où on sonne l'appel, dans la rue Camollia. — Ercole sur la voûte. — Partout dans les rues hautes et basses, groupes inquiets, de femmes surtout, se demandant les nouvelles.)

LODRISIO, à Tolomei.

Giugurta!

GIUGURTA, à Lodrisio, vivement.

Allons donc, pour Dieu! Allons donc! Mes renforts, mes renforts!

LODRISIO.

Oui, oui! On sonne partout l'appel!... (Appels de trompettes tout au loin.)

GIUGURTA, sautant à terre, bas à Lodrisio.

On ferme les portes et Salimbeni me remplace! (Haut, à Ercole.) Du monde, frère, du monde; vite aux murailles!

ERCOLE, sur la voûte, au fond.

Allons, dépêchons là-bas, dépêchons!

GIUGURTA, à un soldat.

Emmène ce cheval dont je n'ai que faire au rempart. (A Sozzini, lui remettant le tronçon d'épée brisée qu'il tient à la main). Dis à Andreino de me choisir une autre épée solide, et à sa mère, Uberta, de venir me parler tout de suite! (Le soldat emmène le cheval par le fond; Sozzini sort par la voûte de droite. — On sonne de nouveau.)

PORCIA, aux femmes, effrayée.

Ah! c'est l'appel des Contrades! (Grande agitation. — A Giugurta.) Seigneur Consul, est-ce qu'on va faire battre nos hommes?

GIUGURTA, brutalement.

Si tu le permets!

TOUTES, se lamentant; agitation dans les groupes, murmures.

Ah!... Madone! (Pendant ce qui suit, on voit au fond les soldats de la Contrade arriver à l'appel, en armes, un à un.)

GIUGURTA.

Par l'enfer!... qui parle?... (Silence; on recule. — A Ercole.) Eh bien?...

ERCOLE, sur la voûte, au fond.

On sonne, tu vois; mais ils viennent lentement.

GIUGURTA, débouclant son armure pour respirer.

Où se réunit cette *Contrade?*...

LODRISIO.

Ici! (Baissant la voix.) Mais celle du *Dragon*, celle d'Orsol... Prenons garde!

TOLOMEI, de même.

Bah! tout le côté droit de la rue est Gibelin!

LODRISIO, de même.

Oui, mais tout le côté gauche est Guelfe!...

GIUGURTA, tout haut.

Qui est gonfalonnier?

PORCIA, et autres femmes au fond.

Peravolti!

GIUGURTA, haut.

Qui loge?

BRAGUELLA, désignant la ruelle à gauche, en haut.

Là-haut!

GIUGURTA, remontant, et à voix très-haute, à l'adresse de Peravolti.

Eh bien, je laisse à Peravolti le temps de dire cinq *Ave*, avant de nous montrer là-bas son gonfalon! — Au sixième

Ave, il sera pendu sous la voûte ! (Mouvement des groupes. — Ercole s'élance vivement dans cette direction, tandis que Lodrisio va rejoindre au fond les Contrades qui arrivent.) Et que les femmes se taisent, ou je leur donne de quoi gémir toute leur vie !... (Les groupes intimidés s'éloignent. — Grand silence. — Appels au fond et tout au loin. — Les soldats de la Contrade arrivent dans la rue, au delà de la voûte, peu à peu. — Revenant au banc de pierre où il tombe assis.) Cinq heures de bataille au grand soleil, — la soif m'étrangle !... — Braguella !...

BRAGUELLA, venant à lui, avec une bouteille de cuir.

Seigneur Consul !...

GIUGURTA, prenant la bouteille.

Donne !

BRAGUELLA, tandis qu'il boit, à demi-voix, avec insinuation.

Alors, c'est donc une défaite ?...

GIUGURTA, violemment, se levant et lui rendant la bouteille.

Qui t'a dit cela, brute ?... (Il traverse et va à la fontaine ôte ses gantelets qu'il pose sur la margelle, et se jette de l'eau sur le visage.)

BRAGUELLA, à lui-même, se dérobant à droite.

C'est une défaite !...

SCÈNE IV.

GIUGURTA, UBERTA, LODRISIO, TOLOMEI, ERCOLE au fond, sous la voûte ; BRAGUELLA, PORCIA, dans les groupes ; CONTRADES.

(Silence. Le jour commence à baisser. — Appels de plus en plus lointains, détonations de temps en temps, sons de cloches sonnant le tocsin.)

UBERTA, entrée par la voûte de droite, s'adressant à Lodrisio et Sozzini au fond.

Giugurta, où est-il ? (Lodrisio d'un geste lui montre Giugurta à la fontaine. Elle descend à lui.)

UBERTA.

Ah! Dieu! Dans quel état te voilà!... Entre du moins au logis!...

GIUGURTA, de même, se redressant, à demi-voix.

J'ai bien le temps! — Ma sœur est au palais?

UBERTA.

Non! Voyant le combat se rapprocher, elle est allée à Sainte-Marie de la Neige prier pour vous!

GIUGURTA, descendant et la prenant à part, après s'être assuré
que personne ne peut l'entendre.

Eh bien! va retrouver Cordelia à l'église, car il ne faut pas qu'elle rentre au palais!

UBERTA, de même, inquiète.

Ah!

GIUGURTA, de même.

Prends ses bijoux, l'argent, tout objet précieux, vivement, et réfugiez-vous au *Campo,* dans la Seigneurie!...

UBERTA, de même, baissant la voix.

Cela va mal?

GIUGURTA, de même, il la fait encore descendre.

Oui! tais-toi! — Ils nous ont refoulés dans les murs, et nous laissent un moment de répit; mais pour préparer l'attaque du rempart. Ercole a décidé la Seigneurie à faire appel aux Contrades!... La moitié ne viendra pas, et l'autre marchera comme un chien qu'on fouette!... Et si la porte Camollia n'est pas aux proscrits dans une heure!...

UBERTA, douloureusement.

Grand Dieu! quel désastre!...

GIUGURTA.

Mais alors la bataille de rues, où, grâce à nos tours, nous serons les plus forts!... Seulement, point de femmes dans les maisons!...

UBERTA.

Non! non! fie-toi à moi! (En ce moment, Peravolti portant le gonfalon paraît au fond sur la voûte, conduit par Ercole. Agitation des groupes pour les voir passer.)

ERCOLE à Giugurta, d'en haut.

Voilà!

GIUGURTA à Ercole.

C'est bien... (A Uberta.) Maintenant je repars...

UBERTA, rattachant son colletin.

Et qui les commande, ces maudits?

GIUGURTA.

Ce batteur de laine, dont j'ai fait raser le toit! — Orso Savagnano.

UBERTA, agenouillée pour rattacher les boucles de ses jambières.

Le fils de mon amie Cristofana, que tout petit j'ai tant de fois porté dans mes bras!...

GIUGURTA.

Que ne l'as-tu étranglé?

UBERTA.

Ah! sa pauvre mère a bien fait de mourir! — Si elle voyait cela!...

GIUGURTA.

Et ton fils à toi, où est-il, avec l'épée que j'attends?...

SCÈNE V.

LES MÊMES, ANDREINO, avec une large épée de rempart.

ANDREINO.

Voilà, seigneur, voilà!

GIUGURTA, prenant l'arme et la pesant avec complaisance.

Bon, cela! — Voici la mienne! Mais la tienne?

UBERTA, effrayée.

La sienne ?

GIUGURTA.

Sans doute ! — Va-t-il rester là à tenir tes fuseaux... quand on sonne l'appel ?

UBERTA.

L'emmener aussi !... lui ! lui !... mon Andreino ?

GIUGURTA, l'interrompant.

Eh bien, n'est-il pas de sa *Contrade ?*

ANDREINO, se redressant.

Si j'en suis !...

GIUGURTA.

Alors, tes armes, et en route ! (Il remonte pour parler à Lodrisio.)

ANDREINO, à sa mère, tout joyeux.

Quand je te le disais ! Tu vois bien, mère, que je suis assez grand pour me battre ! (Il rentre, en courant, sous la voûte.)

UBERTA, dans le plus grand trouble.

Se battre ! lui ! cet enfant !... Allons, c'est de la folie !... Tu ne vas pas l'emmener se battre ?

GIUGURTA.

Andreino !... Pourquoi non, puisqu'il ne demande pas mieux ?

UBERTA.

Ah ! je crois bien !... A cet âge, connaît-on le danger ?... Il s'en amuse !

GIUGURTA, allant à la fontaine reprendre ses gantelets.

Allons ! nourrice ! Tu sais bien quand sonne l'appel des *Contrades* que ce n'est pas à l'un de mes hommes à s'y dérober ?...

UBERTA, le suivant.

Un homme ! bien ! mais lui ! lui, enfin, cet enfant !... voyons !...

GIUGURTA.

Enfant, soit ! Je te le prends enfant, je te le rendrai homme !

UBERTA.

Ou mort!

GIUGURTA.

Ou mort! Mieux vaut un brave sous terre qu'un lâche
dessus! (Il va pour remonter.)

UBERTA, épouvantée.

Sous terre, mon Andreino! (Se jetant devant lui.) Giugurta!...
ne fais pas cela! ne l'emmène pas encore! je t'en conjure!...
Pas si vite! veux-tu? Pas cette fois encore! Pas cette fois!...
n'est-ce pas?

GIUGURTA, impatienté..

Allons!

UBERTA, lui barrant le chemin.

Pas encore! je t'en supplie!... J'ai peur... Tu sais!... une
mère! ne raisonne guère!... Quelque chose me dit... je sens
là... que s'il part avec toi, c'est fait de lui!... c'est fini!... Il
ne reviendra plus!... Mon Andreino!...Je ne le reverrai pas!

GIUGURTA, de même, voulant toujours remonter.

Ah!

UBERTA, même jeu.

Mais pas ce soir, enfin! Qu'est-ce que cela te fait, voyons?
Demain, tiens!... demain si tu veux! — On se battra encore
demain... j'aurai le temps de m'y faire cette nuit!... de m'y
préparer... de!... (Fondant en larmes.) Oh! je sais bien que c'est
lâche, que c'est mal, ce que je dis là!... Mais c'est plus fort
que moi!... pardonne-moi! Je ne peux pas!... J'ai peur pour
lui! — J'ai trop peur! (Elle tombe à ses pieds.)

GIUGURTA, à demi-voix, penché sur elle.

Et c'est toi, la nourrice des Saracini; toi, l'une des nôtres,
qui vas donner à ces femmes l'exemple de la défaillance et
des larmes?...

UBERTA, se relevant.

Ah! non! non!... Tu as raison! c'est vrai! C'est indigne
à moi!...

GIUGURTA.

Eh bien ! alors ?

UBERTA.

Ah ! s'il le faut ! prends-le donc... (Se jetant à son cou.) Mais rends-le moi !

GIUGURTA, ému.

Oui, oui, je te le rendrai... Allons, embrasse-moi, voyons !... et du courage !

ANDREINO, accourant armé, galment.

Me voilà ! seigneur !... (Il s'arrête, saisi, en voyant sa mère en larmes.)

GIUGURTA, lui montrant sa mère.

Embrasse ta mère ! (Il le jette dans les bras d'Uberta qui en sanglotant l'embrasse comme une folle. Détonation plus proche. Au coup, la douleur d'Uberta redouble, et elle reprend dans ses bras l'enfant pour l'embrasser de nouveau, en l'entraînant à droite, où elle tombe assise, l'enfant à ses genoux.)

UBERTA, sanglotant.

Encore !... Ah ! mon Dieu ! encore ! toujours !... Si c'était la dernière fois ! (Détonations plus fortes.)

GIUGURTA, se tournant vers le fond.

Allons ! voici l'attaque ! — Y sommes-nous, là-bas ?

ERCOLE ET LODRISIO, du fond.

Oui !

GIUGURTA.

Alors, en avant ! (Les clairons sonnent, les tambours battent et les Contrades en armes s'ébranlent au fond et défilent dans la rue Camollia en chantant leur chant de guerre.)

CHŒUR.

Au vent déployez la bannière ;
Battez tambours, sonnez clairons !
Dieu des combats, Dieu de la guerre,
Prêts à mourir, nous t'implorons !

Pour nous, prends en main ton tonnerre,
Et sur nos pas sème l'effroi.
Je ne crains personne sur terre,
Puisque mon Dieu marche avec moi!

(Les vieillards, les femmes et les enfants, sur le pont, aux fenêtres, et de tous côtés se précipitent pour les voir. Giugurta, après avoir suivi les Contrades du regard, pour s'assurer de leur nombre, remonte pour les rejoindre, en criant à Andreino :)

GIUGURTA.

Allons, Andreino! (Et il disparaît avec eux. Andreino s'arrache aux bras d'Uberta pour le suivre, et court au fond, puis revient en courant vers elle, lui prend la tête à deux mains, l'embrasse ardemment et se sauve.)

SCÈNE VI.

UBERTA, Les Femmes.

(Silence d'un moment, pendant lequel on n'entend que le tocsin lointain, le bruit du combat et le chant des Contrades qui s'éloignent.)

UBERTA, assise, la tête entre ses mains.

J'aurais dû le cacher!... C'était si facile! Il ne me l'aurait pas pris!... Mais est-ce que j'ai pensé à cela, stupide que je suis?... (Les femmes vont et viennent, inquiètes, sur la place où l'ombre grandit. Sons de clairons et de tambours par bouffées.) Seigneur!... Des gens qui se connaissent tous... et qui, tout enfants, jouaient ensemble sur cette place!... Et tout cela se déchire, quand il serait si facile de s'entendre!... O brutes! brutes que ces hommes!... (Se levant.) Et Dieu! qu'est-ce qu'il fait, Dieu?... Où est-il... Dieu!... pour souffrir de telles choses?... Son soleil disparaît, ses étoiles s'allument comme tous les soirs!... Qu'est-ce que ça lui fait, ce qui se passe?... Il nous méprise trop, et il a bien raison!... (Détonation : exaltée.) Et ça! tenez!... quelle horreur!... Ça tue quelqu'un, ça!... Mon Andreino! peut-être!... Et parce que je n'ai pas su le garder, le défendre!... Et je me plains!... Tu te plains, c'est bien fait! C'est ta faute! c'est toi qui l'as voulu!... c'est toi qui l'as tué!... toi... oui, toi seule! entends-tu... Misérable femme! Vieille folle! exécrable mère!... (Autre détonation. Retombant, en pleurant à genoux, près de la fontaine.) O Seigneur Dieu! Dieu bon! Dieu grand! Dieu juste!... Je suis seule et je n'ai que lui! Laisse-le-moi... (On voit au fond, dans la rue Camollia, confusément, dans l'ombre, et à la lueur rougeâtre des torches, un chariot traîné par des bœufs, et tout chargé de morts. Les bourgeois et les femmes s'agenouillent à sa vue.)

PORCIA, effrayée.

Oh!... voyez!... (Elle entraîne d'autres femmes de ce côté, et on entend dans la rue une ou deux voix de femmes poussant des cris déchirants.)

UBERTA redresse la tête à ces cris, voit le chariot qui disparaît à droite, au fond, et s'élance.

Ah!... s'il était là!... Laissez-moi passer! laissez-moi!... (Elle écarte tout le monde et disparaît un moment dans la rue du fond. Le bruit du combat se rapproche de plus en plus. — Au même instant, avec de grandes clameurs, du côté où l'on se bat, la voûte de gauche se remplit de Gibelins qui battent en retraite, à reculons, se tenant en défense vers le dehors.)

SCÈNE VII.

ARCHERS GIBELINS, FEMMES, BOURGEOIS,
puis UBERTA.

COMBATTANTS, sortis de la voûte et montant vivement l'escalier de gauche, avec leurs arbalètes, en bousculant tout.

Place donc! place!

AUTRES ARCHERS, refluant jusqu'au milieu de la scène, pour charger leurs armes de trait.

Hors d'ici, les femmes!... (D'autres traversent en courant et gagnent la voûte du fond, conduits par un chef qui se fait place brutalement.)

PORCIA.

Ils viennent donc?

UN ARCHER, qui traverse en courant.

Oui! La porte est prise!...

TOUS, épouvantés.

La porte est prise ! (Les femmes se dispersent, en poussant des cris d'effroi. — Les arbalétriers s'élancent sous la voûte, tandis que d'autres rentrent en scène pour charger à leur tour. — Grande agitation en haut et dans la rue Camollia ; les gens courent, vont et viennent commé des fous ; les femmes s'appelant, appelant leurs enfants, leurs maris. — On ferme les volets, les grilles. — Tumulte, désordre. — Le bruit des clairons, des tambours et du combat se rapproche toujours, quoique lointain encore.)

UBERTA, redescendant, rassurée.

Il n'y est pas ! (Elle va pour courir sous la voûte de gauche.)

UN ARCHER, l'arrêtant.

Où vas-tu, toi ?

UBERTA, voulant se dégager.

Mon fils !...

L'ARCHER.

Eh ! au diable ton fils et toi !... hors de là !... (Il la rejette violemment sur la gauche, d'où elle épie anxieusement le moyen de passer malgré eux.)

SCÈNE VIII.

AUTRES COMBATTANTS, puis **ERCOLE, TOLOMEI, SOZZINI.**

(Une masse de Gibelins envahit la scène par les deux voûtes de gauche et du fond, et par la rue haute, dans tout le désordre d'une déroute, vociférant ; — un blessé tombe sous la voûte du fond, où un moine l'assiste.)

GIBELINS.

Sauve qui peut !... Au *Campo !*... Trahison ! trahison !... (Les uns jettent leurs armes, et se sauvent à toute bride, malgré les efforts des autres pour les retenir ; d'autres, blessés, tombent assis, épuisés ; d'autres se précipitent à la fontaine, et boivent avidement.)

UBERTA, de l'un à l'autre, courant.

Andreino! Andreino!...

ERCOLE, entrant par la voûte, furieux, avec Tolomei et Sozzini.

Vile! vile engeance! Lâcher pied de la sorte!... (Il saisit un des fuyards et le jette à terre violemment.)

UBERTA, sautant sur lui.

Ercole! — Mon fils? (Ercole se dégage, sans rien dire et sans lui répondre.)

UBERTA, épouvantée, à Tolomei, même jeu.

Mon fils?...

TOLOMEI, se dégageant.

Ah! pauvre femme!...

UBERTA, poussant un cri terrible.

Tué!... Ah! bourreaux! Ils me l'ont tué! (Elle s'élance sous la voûte et disparaît en criant tant qu'on peut l'entendre.) Andreino!... mon fils!... mon enfant! mon enfant!... (Sozzini monte sur la rue haute avec des gens armés de haches, et pendant ce qui suit frappe à coups redoublés sur la voûte. — D'autres Gibelins entassent en toute hâte des madriers et d'énormes pierres sous la voûte du fond, pour en interdire le passage.)

ERCOLE, aux Contrades dispersés, effarés, dans les coins ou à terre vers la droite.

Lâches que vous êtes! — Un enfant se fait tuer, et vous jetez vos armes!

UNE VOIX.

Nous sommes trahis!

GRAND NOMBRE DE VOIX.

Oui... trahison! Trahison!...

ERCOLE, hors de lui et marchant sur eux.

Il n'y a de trahison que la vôtre!... Misérables! (Murmures.)

UNE VOIX.

Vive Guelfes!

LES FUYARDS, disparaissant sur la voûte de droite.

Vive Guelfes!

ERCOLE, à ceux qui tiennent bon.

Laissons cette canaille!... Et en avant, nous autres!...

TOLOMEI.

En avant!... (Ils vont pour retourner au combat.)

PICCOLOMINI, entrant par la droite, suivi d'autres Gibelins en retraite.

Trop tard!... les voilà!... Giugurta se rabat sur le *Campo*.

CRIS au fond, dans les rues voisines.

Les voilà! les voilà!...

ERCOLE

Aux rues! donc! et aux tours! Et taillons-leur une rude besogne!... (Aux Gibelins, leur montrant la voûte de droite.) Par là, vous autres, vivement, et tenez bon! (Il gravit l'escalier de gauche, tandis que Ercole, Piccolomini et leurs hommes disparaissent par la voûte de droite, et, arrivé en haut, crie à Sozzini :) Est-ce fait, Enea?

SOZZINI.

Oui!...

ERCOLE, debout sur la margelle de la rue haute, à pleine voix :

Allez!... (La herse de droite s'abaisse fermant la voûte de droite. — Au fond, une portion du parapet et de la voûte occupée par Sozzini s'écroule sous un dernier coup de hache, couvrant et obstruant de ses débris les madriers et les pierres entassées sous la voûte. Tous les Gibelins disparaissent à la fois, Ercole, le dernier : et la scène reste vide, muette, sombre. — Une seule lumière vague éclaire faiblement la grande fenêtre du palais.)

SCÈNE IX.

ARCHERS GUELFES, puis MALERBA, SPLENDIANO, UGONE, SCARLONE, ZANINO, BUONOCORSO, SOLDATS GUELFES de toutes armes et **ORSO.**

(Trompettes guelfes plus rapprochées. — Deux archers guelfes paraissent sous la voûte de gauche, rasant les murs en éclaireurs, et avec précaution se hasardent sur la place, observent, font signe à d'autres qui les ont suivis, et toujours rasant les murs, font le tour de la place. — Les autres archers suivent de même et peu à peu garnissent la place en nombre, blottis dans tous les angles, derrière tout ce qui peut leur servir d'abri, et prêts à tirer. — Malerba, Scarlone et Buonocorso paraissent alors sous la voûte, et toujours en silence, prennent connaissance des lieux, tandis que quelques archers commencent à ramper sur l'escalier et à escalader les murs de la voûte de gauche. — Pendant tout ce temps, les tambours Guelfes roulant sourdement un pas de charge, et les sonneries de trompettes de plus en plus précipitées, annoncent l'arrivée du gros des troupes. Puis tout à coup la bataille éclate dans la rue Camollia, au fond, par une canonnade furieuse et des cris de toutes sortes. Une masse de Guelfes conduits par Splendiano attaque la rue haute. A travers les poutres qui obstruent la voûte du fond, on entrevoit un combat acharné. Puis ce fond s'éclaire, le feu étant mis aux poutres, et les combattants s'agitent dans la flamme rouge. De tous côtés les fanfares éclatent furieuses, les tambours battent avec rage. L'artillerie tonne. On entend les cris des chefs : SAINT-GEORGES! SAINT-GEORGES! — NOTRE-DAME! NOTRE-DAME! — Une masse d'hommes tout cuirassés envahit la place par la voûte, Ugone en tête, et va pour attaquer en courant la voûte du fond, quand au milieu des poutres enflammées, les enjambant, les dispersant à coups de hache, paroît, suivi de tous les siens, Orso, qui s'élance triomphalement sur la place, où il est accueilli par des cris de victoire. — La scène de tous côtés, sur les décombres, dans la rue haute, partout, se garnit de Guelfes maîtres de la place, agitant leurs armes et des torches, criant et frappant sur leurs boucliers en signe de joie.)

ORSO.

Saint-Georges et bataille!... Vive Guelfes!

LES GUELFES, du fond, suivant Orso à travers les poutres enflammées.

Et gloire à Orso!... (Les fanfares sonnent, les tambours battent le salut.)

CEUX DE LA PLACE, de même.

Gloire à Orso!...

ORSO.

Et maintenant, amis, au *Campo!*... (Il va pour s'élancer à leur tête, par la droite.)

TOUS.

La herse est baissée!

MALERBA, montrant le fond.

Tournons par Saint-Pierre!... (Mouvement de tous vers le fond.)

ORSO, désignant les tours gibelines au fond,
où s'allument des signaux de feu.

Et ces tours qui nous attendent!... Ne vois-tu pas qu'ils
n'ont fermé ceci que pour nous faire tomber là-haut dans le
piége! — Le passage est là, et pas ailleurs : et de gré ou de
force, il me le faut! (Frappant avec sa hache sur la muraille du palais.)
Holà!... Gibelins!... En est-il un de vous là-dedans qui ne
soit pas mort de peur?... (Rires de tous. — Silence. — Il redouble.)
— M'entendez-vous?...

SPLENDIANO.

Ils font les morts!

MALERBA.

Les Saracini se battent!... Il ne reste plus au logis que la
valetaille!...

UGONE.

Et peut-être, la sœur!...

ORSO, avec haine.

La Cordelia?...

MALERBA, montrant la grande fenêtre.

Oui! — Celle aux fleurs!...

ORSO, de même, descendant.

Ah! pardieu! Je ne suis pas fâché de la revoir, celle-là!...
(Il gagne le milieu et se tournant vers la fenêtre.) Holà!... Es-tu chez
toi?... la Saracini?

LES CHEFS, appelant.

Cordelia!...

LES GUELFES, à grands cris.

Cordelia!... (On voit le grillage de la fenêtre s'ouvrir, et Cordelia
paraît sur le balcon.)

2

SCÈNE X.

LES MÊMES, CORDELIA

TOUS, à sa vue, avec admiration pour son audace
Ah!... Bien, la femme!... bien!...

CORDELIA.
La voici, la Cordelia!... Que lui voulez-vous?...

ORSO.
Femme!... cette herse nous ferme le chemin du *Campo!*...
donne à tes valets l'ordre de l'ouvrir!...

CORDELIA, avec hauteur.
Et qui donc es-tu, toi, pour me parler de la sorte?...

ORSO, avec violence.
Peu t'importe mon nom!... je suis le vainqueur, c'est-à-
dire celui qui commande!... Obéis!... et vite!...

CORDELIA, ironiquement.
Et cependant!... qu'arriverait-il, ô vainqueur! si je refu-
sais de t'obéir?... (Murmures des Guelfes.)

ORSO.
Il arrivera, femme, qu'au lieu de t'épargner,... ton logis
et toi, je mettrai tout en poussière!...

CORDELIA.
Eh bien, commence donc par là... et tu passeras alors!
(Mouvement pour rentrer chez elle. — Clameurs des Guelfes.)

ORSO, vivement.
Cordelia!... (Cordelia s'arrête.) Prends garde à ce que tu vas
faire! C'est trop déjà que tu sois de la race maudite des Sara-

cini.... n'irrite pas ceux qui veulent bien te faire la charité
de leur oubli, et ne nous force pas, crois-moi, à changer le
mépris en colère !...

CORDELIA, revenant, et les deux mains sur la rampe de fer.

Et toi-même, Guelfe !... écoute bien ce que je vais te dire !...
Entre ta race et la mienne, il y a cent ans de fureurs et de
haines... ce n'est vraiment pas la peine de nous en épargner
une de plus !... Non, je ne donnerai pas à mes serviteurs
l'ordre que tu réclames !... Car ce n'est pas le moment d'ouvrir les portes... quand les voleurs sont dans la ville !... (Cris
de rage des Guelfes.)

ORSO les apaise du geste.

Insensée !... qui nous insultes !...

LES GUELFES, furieux.

A mort ! à mort !...

CORDELIA, les défiant.

Eh ! tuez-moi donc, lâches, qui êtes là trois cents à menacer une femme ! (Mouvement des archers pour tirer.)

ORSO, les arrêtant.

Ce ne sera pas la mort, misérable, mais la torture !... —
Une dernière fois, ouvres-tu ?

CORDELIA.

Non !...

ORSO.

Rentre donc !... et attends-moi, malheureuse..., à tout à
l'heure !

CORDELIA.

Va donc ! et puisque tu as soif de sang..., sois content !...
Guelfe..., tu vas en boire ! (Elle rentre et disparaît, poussant la grille
de fer qui se referme.)

SCÈNE XI.

LES MÊMES, moins CORDELIA.

ORSO.

L'assaut au palais!

LES GUELFES.

L'assaut!... (Ils s'élancent vers la herse, une bombarde éclate sous la voûte, et les Guelfes reculent. Deux ou trois blessés tombent.)

ORSO, soutenant un des blessés.

Guido!... mon cher Guido!... (On emporte le blesssé ; avec rage.) O sorcière!... exécrable démon! (Criant au fond.) Les madriers!... A la herse!... (Des Guelfes apportent une énorme pierre qu'ils campent devant la herse, puis un long madrier qu'ils posent sur la pierre et avec lequel, malgré une seconde décharge de bombarde, ils font à sept ou huit une pesée qui soulève la herse; d'autres aident le mouvement et tiennent la herse levée au moyen d'une poutre ; et, au milieu des cris de joie et de victoire de tous, Orso a le premier disparu sous la voûte.)

TOUS.

Victoire! à nous la Ville!

SCÈNE XII.

LES MÊMES, ORSO, CORDELIA.

(On déblaie l'entrée et l'armée guelfe s'ébranle et commence à entrer en bon ordre sous la voûte, aux sons des tambours et des fanfares, et aux acclamations de tous; puis tout à coup Orso paraît sur le balcon, tout éclairé par la lueur de l'incendie qui commence à dévorer le palais. Il tient Cordelia évanouie, et la traîne jusqu'à la rampe de fer où il la montre aux Guelfes en lui serrant le cou, comme pour l'étrangler.)

TOUS, avec des cris de joie.

Vivat!... — Orso ! — A mort! à mort! la Saracini!...

MALERBA.

Jette-nous-la!..

TOUS, dressant leurs piques.

Oui ! jette-la ! jette sur la place !

ORSO.

Non ! — Ce n'est pas assez pour elle de la mort !... (Il l'en-
lève et la ramène dans l'intérieur.)

TOUS LES GUELFES, se ruant sur le palais.

A sac ! le palais ! à sac !...

(Tableau. — La toile tombe.)

FIN DU PREMIER ACTE.

ACTE DEUXIÈME.

PREMIER TABLEAU.

Une grande salle du palais de la Seigneurie; — au fond, trois larges arcades ouvrant sur un balcon de fer qui domine la place du Campo. — A gauche et à droite, grandes portes; ces baies et celles du fond se ferment à volonté par des tentures. Par la porte de gauche, où elles sont entr'ouvertes, on aperçoit une salle de gardes et des soldats couchés, étendus sur la paille. — Les tapisseries de la porte de droite sont fermées. — La salle haut-voûtée, et partout décorée de peintures sur fond d'or, est sombre et fait contraste avec l'excessif éclat du jour sur la place, où luit un ardent soleil. — Au fond, les toits et les tours de la Ville; à gauche, le clocher du Dôme, — au loin du même côté, une longue colonne de fumée qui flotte sur l'azur du ciel. — Sur la scène : tables, bancs, stalles de bois, à gauche, — à droite, large fauteuil, armes, et çà et là, débris d'un repas et d'un campement de nuit.

SCÈNE PREMIÈRE.

GIUGURTA, ERCOLE, TOLOMEI, MALAVOLTI, PICCOLOMINI, LODRISIO, UBERTA, assise à droite, à l'écart, la tête entre ses mains, indifférente à tout ce qui suit. — CHEFS GIBELINS.

Au lever du rideau, Giugurta sur le balcon, avec Tolomei et Malavolti, donne des ordres aux gens qui sont sur la place. — Les autres chefs diversement groupés.)

GIUGURTA, parlant de façon à ce que sa voix porte très-loin.

Bien! cela!... Plus haut!... Pointe sur la voûte, vers Saint-Pierre!... (Lodrisio entre par la gauche.)

ERCOLE, se retournant et descendant avec Tolomei.

Ah! Lodrisio!

TOLOMEI, à Ercole vivement.

Quelles nouvelles?...

LODRISIO.

Meilleures!... Meilleures que cette nuit.

TOUS, avec joie, descendant et l'entourant, sauf Giugurta et Malavolti qui restent sur le balcon.

Ah! écoutez!...

LODRISIO, reprenant haleine, comme un homme épuisé, et essuyant sa poussière.

Vers le Dôme... ils n'ont pas fait un pas depuis le lever du soleil, et viennent de cesser le feu! — et ici?...

ERCOLE.

Une attaque aux Tolomei, il y a une heure, bravement repoussée jusqu'à Sainte-Marie de la Neige!

LODRISIO.

Bon cela!...

TOLOMEI.

Ils n'en tiennent pas moins!...

LODRISIO, l'interrompant.

Ah! tout le tiers de Camollia, et une partie de la cité; mais tant qu'il nous reste le *Campo* et la Seigneurie!... (Ne voyant pas Giugurta et avec inquiétude.) Et Giugurta?...

ERCOLE.

Blessé...

LODRISIO.

Blessé?

ERCOLE.

A l'avant-bras! — Mais légèrement...

TOLOMEI.

Il est là, qui fait placer des bombardes, à la partie haute de la Coquille!...

ERCOLE, remontant pour prévenir son frère.

Giugurta!...

LODRISIO, bas et vivement à Tolomei et Piccolomini,
tandis qu'Ercole remonte.

Sait-il que son palais brûle?

PICCOLOMINI, de même.

Il s'en est bien douté, voyant cette fumée là-bas!

GIUGURTA, descendant avec Ercole et Malavolti.

Ah! c'est toi, Lodrisio! — Eh bien! ils nous laissent
donc souffler un peu?...

LODRISIO.

Et il n'est que temps!... mes hommes n'en peuvent plus!...
(Son de trompettes au dehors.)

MALAVOLTI.

Qu'est-ce?...

LODRISIO, passant à gauche, pour déposer son épée sur la table.

Rien! — Des troupes fraîches qui les remplacent!...

GIUGURTA, à Lodrisio.

Tes Contrades ont bien marché?

LODRISIO.

Surtout celles de la *Louve* et de la *Tour*, qui, embusquées
dans les jardins, leur ont fait bien du mal...

GIUGURTA.

Nous aussi; mais Tomassi est mort!

ERCOLE.

Et Amidei ne vaut guère mieux.

GIUGURTA, bas à Ercole.

Baisse la voix, à cause d'Uberta... qui a perdu son
fils!... (Tous regardent Uberta, qui reste étrangère à tout ce qui se passe
autour d'elle.)

LODRISIO.

Andreino!... pauvre nourrice! — Et Cordelia?

GIUGURTA, surpris.

Cordelia!

LODRISIO.

Oui!...

GIUGURTA.

Tu ne l'as pas ramenée cette nuit, avec toi?..

LODRISIO, très-inquiet.

Mais grand Dieu non!... J'ai cru qu'elle te suivrait dans ta retraite.

GIUGURTA, de même.

Mais je me suis replié par Saint-Ovile, moi, et pas par mon palais.

LODRISIO, effrayé.

Et il brûle!...

ERCOLE.

Pourquoi s'effrayer? — Elle a sûrement quitté le palais devant ces bandits, pour se réfugier aux Mariscotti, dans la maison maternelle!

LODRISIO.

Mais ils y sont, à celle-là aussi!...

TOLOMEI.

Ils ne font point la guerre aux femmes!

GIUGURTA.

A notre sœur?...

ERCOLE.

Que faire?

LODRISIO, sautant vivement sur son épée.

Attaquer sur l'heure et dégager la maison...

ERCOLE.

Pour qu'ils se vengent en la brûlant, comme l'autre!

LODRISIO.

Il y a autant de péril à laisser ta sœur entre leurs mains, marchons!

GIUGURTA.

Il a raison. Et puisqu'ils ne bougent plus, remuons-les !...
— Allons, Malavolti ! (Mouvement de tous pour sortir. — Les cloches
de la cathédrale sonnent l'appel de la messe, à toute volée. — Tous s'ar
rêtent surpris... et se regardant prêtent l'oreille.)

ERCOLE.

Ces cloches?...

GIUGURTA.

De la cathédrale !...

MALAVOLTI.

Le tocsin?... (Giugurta leur fait signe de se taire et d'écouter
Moment de silence.)

ERCOLE.

Non ! — ce n'est que le premier coup de la messe qui
sonne !

GIUGURTA.

Aujourd'hui ?...

ERCOLE.

Tu oublies que c'est aujourd'hui grande fête!... la Nativité de la Vierge !

TOUS.

C'est vrai !...

GIUGURTA.

Étrange fête, hélas!...

LODRISIO.

Il perd l'esprit, cet Evêque, avec sa messe!... On se ba-
jusque sur les marches du Dôme !

GIUGURTA.

Eh ! que le vieil Azzolino sonne ses cloches! (Mouvement
pour sortir.) — Nous, sonnons nos trompettes!... — (Clameur
sur la place qui, venue de loin, va se rapprochant.) Qu'est-ce encore?...

CRIS, sur la place.

Meure! meure le Guelfe!...

ERCOLE, au fond, regardant sur la place.

C'est un Guelfe!... que Sozzini a bien du mal à tirer de la
foule !

GIUGURTA.

Ces brutes vont l'écharper! — (Il court au balcon.)

LODRISIO.

Un envoyé?...

ERCOLE.

Peut-être.

GIUGURTA, sur le balcon à la foule.

Place, Contrades! — Laissez entrer cet homme.

VOIX des soldats sur la place.

C'est un Guelfe! — C'est un espion!

GIUGURTA.

Laissez-le passer. — Et qu'il nous compte!...

LA FOULE.

Oui! oui! vive Saracini!... (Les tentures de gauche s'ouvrent toutes grandes, et l'on voit Ugone, précédé de Sozzini.)

ERCOLE.

Le voici!...

SCÈNE II.

LES MÊMES, UGONE, SOZZINI.

TOUS, à Sozzini au moment où il entre.

Un envoyé?

SOZZINI, s'effaçant pour laisser entrer Ugone.

A ce qu'il dit. (Ugone entre tout droit, Giugurta redescend du fond, le toise avec mépris, hausse l'épaule en regardant les autres chefs qui répondent par un geste analogue, puis s'adressant à Ugone avec hauteur.)

GIUGURTA.

Tu viens en ambassade?

UGONE.

Oui, seigneur Giugurta?

GIUGURTA, hautain.

Tu peux dire seigneur Consul, car je le suis, comme
eux!... (Il désigne Piccolomini et Tolomei.)

UGONE, froidement.

Et pour eux, peut-être ;... mais pour nous, point.

TOUS.

Insolent!

GIUGURTA, les apaisant du geste.

Qui t'amène ?...

UGONE.

Seigneur Giugurta!... le capitaine Orso... (Protestations et
rires ironiques de tous.)

GIUGURTA, de même.

Ah! il s'est fait capitaine, celui-là!... Et de quoi ?... de
voleurs ?...

UGONE, froidement, appuyant sur les mots.

Le seigneur Orso, dis-je, Capitaine du Peuple...

ERCOLE.

Et quel Peuple?

TOLOMEI, de même.

Le tien ?...

LODRISIO, montrant la place.

Et celui-là, sur la place... qui voulait t'écharper, est-ce le
Peuple aussi ?

UGONE, froidement.

Oui !

LODRISIO.

Vous n'en êtes donc que la moitié ?...

GIUGURTA.

Et ton Orso n'est donc qu'une moitié de capitaine! (Rires
approbatifs de tous.) Mais, peu importe!... Parle !... — Et sachons
ce qu'il veut, ce demi-dieu!...

UGONE.

Seigneur Giugurta!...

GIUGURTA.

Un mot encore?... C'est bien mon palais, n'est-ce pas,
qui brûle tout là-bas! (Uberta se lève et attend la réponse avec
anxiété.)

UGONE, après un coup d'œil de ce côté.

Lui-même.

ERCOLE, vivement.

Et notre sœur?

GIUGURTA, de même.

Cordelia?...

UGONE.

Votre sœur doit être avec toutes les femmes, à Sainte-
Marie de la Neige! (Uberta, rassurée, retombe assise.)

GIUGURTA, à Ugone les yeux dans ses yeux.

Puisses-tu dire vrai!... — Et seul de ta bande, tu ne seras
pas pendu!... — Maintenant... (Il s'assied.) ta commission, va!

UGONE.

Au nom du capitaine Orso, seigneur Giugurta, voici ce
que je t'offre! — La bataille a déjà duré tout un jour et
toute une nuit!... Depuis que l'on se bat, de rue à rue, de
porte à porte, il y a partout un grand amas de morts et de
blessés... — (Mouvement d'Uberta qui redresse la tête.) Et il ne te
convient pas sans doute plus qu'à nous que ces malheureux
succombent faute de soins, ou soient privés de leur sépul-
ture chrétienne!... (Uberta se lève.) Considère en outre que le
soleil est brûlant, et que les morts oubliés se vengent!... —
La peste est à Pise, elle est à Bologne... il ne tient qu'à nous
qu'elle soit ici, demain, pour y balayer, comme il y a vingt
ans, quatre-vingt mille personnes en trois mois! — Enfin,
c'est aujourd'hui le très-saint jour de la Nativité de Marie,
et c'est un sacrilége que nous célébrions une telle fête en
nous égorgeant... Le capitaine Orso te propose donc une
trève du jour entier... une trève au profit des morts et des
vivants, en l'honneur (Il se découvre.) de la très-sainte Vierge,

Patronne de la ville!... (Les chefs inclinent la tête au nom de la Vierge, puis se consultent du regard.)

GIUGURTA.

Voilà une dévotion bien subite! — Ne serait-ce pas que ton capitaine voudrait le temps de se refaire et d'appeler du renfort?

UGONE, froidement.

Je n'ai pour mission que de faire l'offre et de rapporter la réponse!... Si tu consens, le parvis du Dôme est terrain-neutre, vous tenez le côté droit de la place; nous occupons la partie gauche et la moitié de l'Hôpital! — Il ne tiendra qu'à toi d'y régler, avec Orso, cette suspension d'armes!...

ERCOLE.

Prends garde, Giugurta, qu'il n'y ait là quelque trahison!

TOUS.

Oui!...

LODRISIO.

Rappelle-toi Bologne et la trève de Thadeo de Pepoli, qui cachait un massacre!...

GIUGURTA.

Aussi bien, s'ils sont fatigués... (Se levant.) nous ne le sommes pas, nous, je pense?

TOUS.

Non!...

GIUGURTA, à Ugone.

Tu les entends! — Dis à ton capitaine que, sa trève... nos hommes n'en veulent pas.

TOUS, avec force.

Non! (Mouvement d'Ugone pour se retirer.)

UBERTA, qui a tout écouté en silence, debout.

Les hommes, bien!... mais les femmes!... qui donc en parlera? (Ugone s'arrête, même mouvement de tous.) Ainsi l'on m'a pris mon fils, à moi!... — Et son corps est là-bas, sur la route, la proie des corbeaux et des loups!... Et ce n'est pas assez que je n'aie pu recueillir son dernier souffle. — Vous me refuserez encore la triste joie de l'étendre, de mes mains, en terre sainte?...

GIUGURTA, doucement.

Nourrice!...

UBERTA.

Giugurta!... La trève que tu rejettes c'est notre part, à nous, les femmes! les filles et les mères!... et je la veux, entends-tu, je la réclame!... (Mouvement de Giugurta.) Je l'exige!... — Tu ne penses qu'à ceux qui tuent!... Je parle, moi... au nom de toutes celles qui pleurent! (Les chefs se consultent des yeux.)

GIUGURTA, après un silence.

C'est juste!... (A Ugone.) Demeure, toi! (Il remonte vers le balcon, où son apparition est saluée par une clameur de la foule, et s'adressant à elle.) Gens de Sienne!!...

VOIX, sur la place.

Écoutez! Écoutez! Silence!...

GIUGURTA.

L'ennemi vous propose une trève du jour entier... (Exclamations diverses.) qui vous permettra de secourir vos blessés, d'ensevelir vos morts, et d'assister aux saints offices du dimanche.

CRIS DE LA FOULE.

Non! non! — Oui! oui! (Les clameurs grandissent.)

GIUGURTA.

Écoute, peuple, écoute!...

TOUS.

Écoutez! Écoutez! (Le bruit s'apaise.)

GIUGURTA.

S'il vous plaît d'accepter l'offre, levez vos armes et comptez vos lances!

VOIX.

Non! non!

VOIX plus nombreuses.

Oui! oui! — c'est : — oui !...

ERCOLE.

C'est : — oui.

GIUGURTA,

Je vais régler avec l'ennemi les termes de la trève !

LA FOULE applaudissant, et surtout les femmes.

Bien! bien! Vive Giugurta!... (Giugurta rentre, on ferme toutes les tapisseries du fond.)

GIUGURTA, à Ugone.

C'est dit! — Mais la première de nos conditions, c'est que ma sœur Cordelia nous soit rendue saine et sauve:

UGONE.

N'en doute pas!

GIUGURTA.

Pour le reste, qu'Orso m'attende au parvis, au second coup de la messe, avec cinq des vôtres. J'y serai, accompagné de cinq des miens...

UGONE.

Dieu te garde! (Il sort.)

GIUGURTA, tandis qu'Ugone sort.

Je l'y aiderai. (vivement.) Piccolomini, masse tes archers dans ta maison, sur le côté gauche de la place!... Toi, Tolomei, les bombardes derrière le Dôme, à Saint-Jean. Et tout le monde en armes, ici, ailleurs, et prêt à l'attaque, au premier soupçon de trahison!

PICCOLOMINI ET TOLOMEI.

C'est dit!...

GIUGURTA.

Allez! Je vous suis!... — Toi, Lodrisio!...

LODRISIO.

Cordelia? Oui, j'y vole!

ERCOLE, soulevant la portière à droite.

Inutile!... C'est elle!

UBERTA, courant à cette porte.

Ma fille!

GIUGURTA, avec joie, courant au-devant de Cordelia.

Ma sœur!

SCÈNE III.

Les Mêmes, CORDELIA.

(Cordelia, pâle, égarée, haletante, et comme folle, entre par la droite et tombe dans les bras d'Uberta. — Lodrisio, Ercole, Giugurta, l'entourent vivement, surpris de l'état où ils la voient.)

LODRISIO.

Juste Dieu! quelle pâleur!

UBERTA.

Mon enfant!

GIUGURTA, à Cordelia.

Qu'as-tu?... Qu'est-il arrivé?...

CORDELIA, avec effort, d'une voix sourde et brève.

Restez là!... Lodrisio aussi!... et faites sortir tous les autres!

GIUGURTA.

Mais!...

CORDELIA, de même.

Par pitié, fais ce que je te dis!... (Sur un geste de Giugurta, les chefs sortent, et il ne reste en scène que Giugurta, Lodrisio, Ercole et Uberta. — Les tapisseries closes de toutes parts.)

SCÈNE IV.

UBERTA, CORDELIA, GIUGURTA, LODRISIO, ERCOLE.

GIUGURTA.

Nous sommes seuls!... Parle, qu'y a-t-il?

CORDELIA, cramponnée au dossier du fauteuil, relevant la tête et après un effort inutile pour parler.

Mon Dieu! Dieu!...

UBERTA.

Ma fille !

LODRISIO.

Cordelia !

ERCOLE.

Ma sœur !

CORDELIA, avec effort, d'une voix sourde.

Vous n'avez plus de sœur !... Ce n'est plus Cordelia qui vous parle ! C'est une créature avilie, à chasser de votre maison... de votre cœur ! A tuer si vous voulez, puisqu'elle n'a pas su vous en épargner la peine !

ERCOLE.

Mais tu nous épouvantes !

LODRISIO.

Parle, au nom du ciel !

GIUGURTA, hors de lui.

Que penser ?

CORDELIA.

Tout !... pense tout !... la réalité le dépasse ! Rêve pour ton honneur et le mien la plus mortelle flétrissure !... Cherche quel outrage !...

ERCOLE ET GIUGURTA.

Malheureuse !...

CORDELIA, dont la douleur éclate.

Eh bien ! oui !... oui ! Puisque après l'horreur de l'avoir subi, Dieu m'impose encore celle de vous le dire ! (Elle tombe épuisée à terre, près du siége.)

LODRISIO.

Oh ! quel est l'infâme ?

ERCOLE.

Achève !

GIUGURTA.

Dis tout !

CORDELIA, se redressant et se dégageant de leurs bras,
avec fièvre, égarée.

Ne me touchez pas!... Ne me regardez pas, si vous ne voulez pas que la force me manque! Laissez-moi parler, sans m'interrompre... au hasard... comme je pourrai! Et faites que j'oublie que vous êtes là, et que c'est de moi que je parle!

GIUGURTA, avec violence.

Il ne s'agit pas de larmes!...

TOUS, le contenant.

Giugurta!... (Silence. — Ils entourent Cordelia, qui n'a pas pris garde à ce mouvement, et qui fait son récit comme s'ils n'étaient pas là, assise dans le fauteuil, l'œil fixe devant elle, et d'une voix sourde et saccadée.)

CORDELIA.

Ils avaient envahi la place et criaient : « — Nous voulons passer. Fais lever la herse ! » — Et je répondais, moi : « — Non, je ne la lèverai pas! » — Et plus ils menaçaient, plus je répétais : « — Non, vous ne passerez pas!... » — Alors, ils ont commencé l'attaque. Comment ils ont forcé l'entrée du palais, Dieu le sait..., lui qui l'a permis!... — Mais subitement je sens une main qui s'abat là, sur mon cou, comme la griffe d'un tigre, tandis que l'autre main m'entraîne à la fenêtre, en me tordant le bras! Sur la place toute rouge... je les vois, je les entends hurler : « — Jette-nous-la, jette! » — A quoi l'homme répond : « — Non, ce n'est pas assez pour elle de la mort! » — Puis, je ne vois plus, je n'entends plus... Sa main m'étouffe... Il me rejette dans ma chambre... Alors, je me débats! je crie! je frappe! je me dégage enfin, et me crois sauvée!... Mais l'implacable main me ramène...de mes cheveux tordus me fait un bâillon, et, suffoquée, je me sens mourir... et je tombe !

GIUGURTA.

Ah! démon !...

CORDELIA,

Quand mes yeux se sont rouverts, j'étais seule! L'incendie

rampait déjà aux murs de la chambre!... Folle d'épouvante,
je me suis enfuie! (Debout.) Oui, cette mort qui venait généreusement à moi, je l'ai repoussée... et je me suis sauvée
lâchement, stupidement!... Au lieu d'y voler à ces flammes
libératrices... et d'y brûler toute ma honte !

GIUGURTA.

Mais ce misérable enfin, quel est-il?

ERCOLE.

Oui, qui?

LODRISIO.

Son nom ?

CORDELIA, d'une voix brève, sourde.

Je ne sais pas !

UBERTA.

Un de leurs chefs?...

CORDELIA, de même.

Je ne sais pas !

GIUGURTA.

Son visage?

CORDELIA.

Et comment l'aurais-je vu? dans cette nuit, à demi-
morte ?...

ERCOLE.

Mais enfin !

CORDELIA, désespérée.

Mais quand je vous dis que je ne sais rien de lui, rien,
et que par les rues, tout à l'heure, pleines de ces bandits,
je n'en voyais pas un, sans me dire : « — C'est peut-être
celui-là ! » Une horreur de plus! Puisque ce n'est personne,
c'est le premier venu... n'importe qui... tout le monde!

GIUGURTA.

O rage !

3.

ERCOLE.

Pas un indice!

LODRISIO.

Et rien pour nous venger !

CORDELIA, bondissant.

Rien ? — Vous êtes là trois hommes, et vous ne me venge-
rez pas?

GIUGURTA.

Et sur qui ?

CORDELIA, effarée.

Mais il faut le savoir... Nous le saurons... Sur qui? C'est
à vous de le savoir, sur qui?

ERCOLE.

Eh! malheureuse, quand toi-même!...

CORDELIA, sans les écouter.

Mère du Christ !... il y a dans cette ville un homme qui m'a
faite victime d'une telle infamie!... et à toute heure ce misérable renouvelle encore son outrage, par le souvenir qu'il en
garde et par celui qu'il m'en impose!... et cet être-là vit
encore... il respire ?... il me voit ?...

GIUGURTA.

Cordelia !...

CORDELIA, folle.

Je ne veux pas, moi, être toujours, toujours à cet homme!...
Je veux qu'on le trouve!... qu'on le tue! qu'on le broie!....
qu'on l'anéantisse!... Et qu'il ne reste rien de lui, rien!
rien!... que son âme pour l'enfer!... Et c'est encore une
malédiction, celle-là, qu'on ne puisse pas l'exterminer avec
le reste!

GIUGURTA.

Mais si tu veux!...

CORDELIA, sans les écouter.

Je veux qu'on le tue!...

ERCOLE.

Aide-nous, du moins. Sais-tu?...

CORDELIA, de même.

Je sais qu'il faut le tuer.. voilà tout!...

LODRISIO.

Eh bien, soit!...

ERCOLE.

Viens avec nous!...

CORDELIA.

Pour le tuer... oui!... allons!

GIUGURTA.

Seulement, dis-nous!...

CORDELIA.

Mais puisque je vous le dis!... de le tuer! je vous le dis!...

GIUGURTA.

C'est de la folie!...

UBERTA.

Elle n'entend plus!... laisse!...

CORDELIA, défaillante.

Oh! les lâches!... Alors, si ce n'est lui... moi!... frappez-
moi!... Mais lui ou moi! vite!... par pitié!... Ah! je meurs!...
(Elle tombe épuisée, évanouie, sur le fauteuil, entre les bras de la nourrice.
Lodrisio et ses frères l'entourent en silence.)

LODRISIO, à genoux, pressant une des mains de Cordelia sur ses lèvres.
— La cloche commence à sonner le second coup de la messe.

Apaise-toi, pauvre âme en délire!

GIUGURTA, de même.

Nous vengerons ton honneur!... je te le jure!

ERCOLE, même jeu.

Et sans pitié !...

TOLOMEI, soulevant la tapisserie de gauche ; derrière lui,
Piccolomini et Sozzini.

Giugurta, voici l'heure !

GIUGURTA, se relevant.

Allons!... (Cordelia se ranime un peu et se lève soutenue par Uberta.
Tous se relèvent en silence, puis s'éloignent par la gauche, en se tournant
une dernière fois vers elle ; Ercole et Lodrisio tenant la main de Giugurta,
tandis que la cloche continue à sonner l'appel de la mess . — La toile
tombe.)

DEUXIÈME TABLEAU.

Le parvis du Dôme. — Au fond, les trois portails en marbre noir et blanc,
et les marches de l'église. — Ces portails sont fermés. — A droite, au pied des
marches, une colonne de marbre, surmontée de la louve de Sienne. — A
gauche, colonne exactement semblable. — A droite et à gauche, premier plan,
maisons. — L'église est en construction ; échafaudage au-dessus du portail.

SCÈNE PREMIÈRE.

ORSO, GIUGURTA, ERCOLE, LODRISIO, PIC-
COLOMINI, TOLOMEI, MALAVOLTI, SOZ-
ZINI, MALERBA, SPLENDIANO, UGONE,
BUONOCORSO, SCARLONE, ZANINO, GIBE-
LINS, GUELFES, BOURGEOIS, BOURGEOISES.

(Trompettes et tambours dans la coulisse... — Les Guelfes rangés à
gauche, en armes, avec leur gonfalon ; à droite, Gibelins, avec leur
gonfalon également. — Derrière chaque parti, la foule, femmes, bourgeois,
enfants, jusque sur les marches du Dôme de chaque côté des portails latéraux.
Arrivent alors les chefs. Par la gauche, Orso, Malerba, Splendiano, Ugone,
Buonocorso, Scarlone. — Par la droite, Giugurta, Ercole, Lodrisio, Tolomei,
Piccolomini et Sozzini. — Orso et Giugurta tirent leurs épées et, s'agenouillant
chacun de leur côté, posent ces épées sur les marches de l'église, puis font
signe à leurs amis, qui agissent de même, tandis qu'Orso et Giugurta des-
cendent. Pendant tout ce temps les cloches et les clairons n'ont cessé de sonner
et les tambours de battre. — Dès qu'Orso et Giugurta sont en présence, désar-
més, et les chefs descendus, profond silence.)

GIUGURTA, à Orso.

Te voilà donc de retour dans ta patrie, — Coriolan?...

ORSO.

Par le seul chemin que tu m'aies laissé libre, — Sylla !

GIUGURTA.

Plutôt mourir proscrit à mille lieues du sol natal que d'y
rentrer sur tant de cadavres !

ORSO.

C'est un point que tu décideras à loisir, quand tu seras
aussi loin que tu dis !

GIUGURTA.

Et quel prix glorieux espères-tu d'une si belle besogne?...
Ces artisans t'ont fait leur capitaine! paraît-il ?

ORSO.

Il y paraît, en effet, aux pas que vous faites en arrière!...
(Mouvement des Gibelins, contenu par Giugurta.)

GIUGURTA, se contenant.

Plus étranges sont tes pas en avant ! — De peigneur de
laines à chef d'armée, il y a certes du chemin ! Qui nous eût
prédit cela, Orso, au temps de notre enfance, alors que ma
mère faisait présent à la tienne de mes vêtements usés, pour
t'en faire un habit des dimanches ?

ORSO.

Je ne suis pas ingrat, Giugurta, et c'est un souvenir que tu
pourras invoquer près de moi, quand le moment sera venu
de remplacer les haillons de ton exil !...

GIUGURTA, pâle de colère.

Tu n'es pas où tu penses, vainqueur d'une nuit !...

ORSO, froidement.

Si nous sommes ici pour causer de nos propres affaires, et
non pas de celles de Sienne, nous ferons mieux, crois-moi,
de reprendre à l'instant nos épées !...

GIUGURTA, se calmant.

Tu as raison, Orso ; ajournons ces débats... et ne parlons
ici que de la ville !... Tu m'as offert une trève ? (Ils redescendent
d'un pas, les chefs font un mouvement analogue.)

ORSO.

Oui.

ERCOLE.

Vous êtes donc bien las?

ORSO.

De vous battre. Oui !

GIUGURTA, railleur.

Eh bien, puisque c'est le vainqueur qui demande grâce,
va pour la trêve. — Mais quand finira-t-elle?

ORSO.

Si tu y consens, à l'*Angelus* du soir,... au dernier son de
la cloche !

GIUGURTA.

Soit ! — Jusque-là, chaque parti gardera donc ses positions...

ORSO, remontant, et pour la foule.

Et femmes et prêtres pourront en liberté s'occuper des
blessés et des morts ?...

GIUGURTA.

Est-ce tout?

ORSO.

Non ! Voilà pour les corps, Giugurta !... Parlons des âmes !
Nous réclamons pour nous le droit d'assister aux offices du
jour... et de faire, en liberté, nos dévotions à la Patronne de
la ville !

GIUGURTA, surpris.

Dans vos églises,... qui vous en empêche?

ORSO.

Il n'y a pour nous qu'une église aujourd'hui, celle-ci !...

GIUGURTA.

Le Dôme?

ORSO.

Celle de la Vierge. — C'est là que nous voulons la prier à
l'aise !

GIUGURTA.

En vainqueurs?...

ORSO.

En Chrétiens!

GIUGURTA.

La Madone n'est pas que là. Vous la prierez ailleurs aussi bien! Le Dôme est à nous, et nous le gardons! (Mouvement des Guelfes.)

ORSO.

Le Dôme n'est encore à personne, et il ne tient qu'à nous d'y entrer en maîtres!... (Mouvements divers.)

GIUGURTA, menaçant.

Faites-le donc!

LES GIBELINS, de même.

Oui! oui!...

ORSO, avec force.

Jamais, nous présents, vous n'entrerez seuls dans cette église... que nos pères ont faite aux armes de la ville, noire et blanche, pour attester qu'elle est Guelfe autant que Gibeline?

GIUGURTA.

Faisons-la donc rouge! (Il va pour sauter sur son épée. — Mouvement de tous.)

ORSO, se jetant au-devant de lui.

Arrête, au nom du ciel! Giugurta! — Ton refus, c'est le massacre!...

GIUGURTA, pied à pied, avec Orso, sur la première marche
du portail.

Assister à la messe à vos côtés, nous,...et sous les mêmes voûtes?...

ORSO.

Pourquoi pas? — Chacun priera pour sa cause : — Dieu choisira!

GIUGURTA.

Ose donc jurer qu'il n'y a pas là-dessous quelque trahison?...

ORSO.

Gardez vos armes, nous garderons les nôtres!

GIUGURTA.

Ce que nous garderons... capitaine de la plèbe! (Mouvement
de colère des Guelfes.) c'est le Dôme, que, nous vivants, pas un
de vous ne souillera de sa présence!...

ORSO.

Eh bien! nous y entrerons! tyran!... Et ce sera pour t'en
chasser! (Il saute sur son épée, ainsi que les chefs guelfes.)

GIUGURTA, de même, avec les siens.

Voyons donc la chose! (Désordre, tumulte; tout le monde s'élance
pour le combat.)

CRIS.

Aux armes! Trahison! A nous l'église! Mort aux Gibelins!
Meurent les Guelfes! (A ces cris, la grande porte de l'église s'est
ouverte, et l'Évêque Azzolino paraît sur les marches, au moment où ils vont
en venir aux mains. Il n'a derrière lui qu'un enfant de chœur portant l'Évangile.)

SCÈNE II.

Les Mêmes, L'ÉVÊQUE AZZOLINO,
puis CORDELIA et UBERTA.

AZZOLINO.

Arrêtez!... (Tous s'arrêtent à sa vue. — Douloureusement.) Est-ce là,
Siennois, ce que vous appelez la Trève de la Vierge?...

ORSO.

Évêque, dis à ces Gibelins que cette église est à nous
autant qu'à eux!...

LES GUELFES.

Oui!

LES GIBELINS.

A nous seuls!...

AZZOLINO.

L'église n'est à personne qu'à Dieu! — Chrétiens sans vertu
et sans foi, déposez vos armes!...

GIUGURTA.

Évêque!...

AZZOLINO, avec force.

Déposez vos armes !... ou cette porte, (La grande porte se referme derrière lui.) que je vous ferme à tous, vivants !... je ne l'ouvre même pas à vos cercueils !... (Silence. — Les armes s'abaissent.)

GIUGURTA.

Souffre du moins !...

AZZOLINO.

Et qui donc es-tu, toi, Giugurta, pour disposer ainsi de la demeure sacrée ? — Ce Guelfe a raison : l'église est faite pour tous ; elle n'est ni Guelfe ni Gibeline !... Mais d'une seule nation : celle du Christ !... et d'un seul parti : celui du Ciel !...

ORSO, remettant l'épée au fourreau et faisant signe aux siens d'en faire autant.

C'est vrai !...

GIUGURTA.

Qu'il soit fait à ton gré, saint Évêque !... (A ses gens.) Aussi bien, ils ont rengaîné avant nous ! (Tous désarment. — Musique. — Sur un signe d'Azzolino, l'enfant descend avec l'Évangile, et s'agenouille au milieu de la place, tenant le livre devant lui.)

AZZOLINO.

Vous jurez donc sur l'Évangile !... de faire trêve à tout combat, pendant ce jour entier de la Nativité de la Vierge ?...

TOUS, étendant la main droite, après avoir ôté leurs gantelets.

Nous le jurons !

AZZOLINO.

Vous jurez d'assister aux offices, avec recueillement, sans querelles, ni défis, injures, ni violences ?...

TOUS, de même.

Nous le jurons !

AZZOLINO.

Que celui qui faillira à ce serment, soit maudit dans ce monde, et réprouvé dans l'autre !...

TOUS, de même.

Qu'il le soit ! (Chant des orgues. Les trois grandes portes de l'église s'ouvrent toutes grandes et laissent voir l'intérieur; cierges allumés. Le clergé sort avec le dais et les bannières, et se range derrière l'Évêque et à ses côtés.)

AZZOLINO.

Entrez donc, Chrétiens!... les portes du salut sont ouvertes!... Mais laissez passer d'abord devant vous les veuves et les orphelins que vous faites!... (Entrent de droite et de gauche, au pied des marches, les mères, les femmes et les enfants en deuil. — Cordelia paraît à droite à l'avant-scène, soutenue par Uberta.) Car la voilà, votre œuvre... le voilà, le fruit le plus certain de vos sanglantes folies! (Les enfants et les femmes se groupent à ses genoux sur les marches.) Puissent ces larmes que vous faites répandre, en tombant, goutte à goutte, sur vos cœurs endurcis... y féconder la divine semence de la concorde!... (Reprise du chœur. Le dais vient se placer derrière l'Évêque, à qui on remet sa crosse, et Azzolino rentre lentement dans l'église, suivi de tout le clergé.)

TOUS.

Sponsa Dei!
Mater christi!
Ora Deum
Pro nobis!
Et Filium
Tuum,
Pro Filiis
Tuis!

(L'Évêque disparaît dans la nef, suivi de toutes les femmes et des enfants en deuil qui le suivent par le grand portail du milieu.)

UGONE, à Orso.

Eh bien!... Et nous?

ORSO, aux siens.

Allons, amis!... La cause est gagnée!... (Il remonte par la gauche suivi des siens. — Le gonfalon guelfe derrière lui porté tout droit; même jeu de Giugurta, à droite, avec le gonfalon gibelin.)

CORDELIA, tressaillant au son de la voix d'Orso.

Cette voix!...

UBERTA.

Ma fille!

CORDELIA.

C'est la sienne, la voix de cet infâme!... Qui a parlé?...

UBERTA, montrant Orso qui remonte avec Malerba et les autres Guelfes,

L'un dé ces hommes!...

CORDELIA.

Et lequel?...

UBERTA.

Je ne sais!...

CORDELIA.

Ah! viens! suivons-les! et Dieu nous le dira!... Viens!... viens!...

UBERTA, inquiète pour elle, et la contenant.

Prends garde!... attends!... (Orso et Giugurta entrent ensemble dans l'église par le portail du milieu, chacun ayant derrière lui sa bannière et les chefs de sa faction, tandis que la foule envahit l'église par les deux portails latéraux. Cordelia, soutenue par Uberta, gravit les marches au milieu des femmes, et l'orgue accompagne de tout son éclat le chœur repris par tous à pleine voix. — La toile tombe.)

FIN DU DEUXIÈME ACTE.

ACTE TROISIÈME.

PREMIER TABLEAU.

Un cloître. — Au fond, large porte d'entrée; et au-delà, par-dessus le mur, le profil de l'église Saint-Christophe, sur la place. — A gauche, les arcades du cloître à jour laissent voir les cyprès du cimetière. — A droite, les arcades également à jour ouvrent sur un jardin. — Au milieu, un peu vers la gauche, une croix. — Premier plan à gauche, deux colonnes isolées et un banc de pierre au pied de celle qui est la plus éloignée, mais la plus en scène. — A droite, une grande porte donnant accès dans la salle des morts. — L'action commence vers la fin du jour.

SCÈNE PREMIÈRE.

BUONOCORSO, ZANINO, SCARLONE, GUELFES, PORCIA, MOINES, FEMMES, etc.

(Au fond, à droite, les aventuriers allemands, isolés des autres, autour d'un feu où ils font leur cuisine et avec des filles autour d'eux. — De tous côtés, et presque sur les marches de la Croix, les Guelfes, assis ou étendus çà et là, boivent, mangent, dorment ou fourbissent leurs armes. Au lever du rideau et pendant le chant, des moines vont et viennent apportant à boire, des femmes en deuil vont du cimetière à la salle des morts; sentinelles au fond. — Scarlone et Zanino au milieu de la scène, l'un assis sur une pierre, l'autre étendu, achèvent leur repas. Auprès d'eux, du vin, du pain, des corbeilles de fruits. — A gauche, contre la colonne, Buonocorso endormi sur son manteau. — On entend des voix de femmes chanter dans l'église.)

Douce Madone,
Notre Patronne!
Exauce-nous!
Sois charitable

Et secourable
A nos époux!

Dieu leur accorde
Miséricorde,
Pour leurs fureurs!
Et qu'il ramène
La paix chrétienne
Dans tous les cœurs!

ZANINO.

Qu'est-ce donc qu'on chante là-bas?... C'est fini depuis longtemps, les vêpres!

PORCIA, descendant et prenant une grappe de raisin dans la corbeille.

Ce sont les Gibelins du Tiers de la Cité qui chantent leur cantique dans l'église.

BUONOCORSO.

La bonne chose de dormir. — Quelle heure est-il?

SCARLONE.

La vingt-troisième heure. — Tu peux faire encore un somme avant l'*Angelus*.

BUONOCORSO.

C'est plutôt le moment de prendre des forces contre ces damnés Gibelins.

SCARLONE.

Tu as donc quelque amoureux par ici, la Porcia?

BUONOCORSO.

Quand il n'y aurait que moi, d'abord!...

PORCIA, riant.

Un bel amoureux qui n'a que son épée!

BUONOCORSO.

Attends le pillage!... (Sons de trompettes dehors.)

SCARLONE.

C'est pour nous, ça?

ZANINO.

Non! c'est l'appel des gonfaloniers, à qui Orso donne ses ordres!

SCÈNE II.

LES MÊMES, UGONE.

UGONE, sorti vivement de la salle des morts, allant aux autres.

Passe-moi le pain, Zanino!

ZANINO.

Ah! te voilà retrouvé, toi!

UGONE, rompant le pain.

Oui! — Le ciel me dispense de recommencer ce que je viens de faire!

SCARLONE.

D'où viens-tu?

UGONE.

D'aider une bonne femme à trouver le corps de son fils et à le porter dans la salle des morts!...

ZANINO.

Quelle femme?

UGONE.

La nourrice des Saracini!

BUONOCORSO, riant.

Cette sorcière?...

UGONE.

Sorcière, je ne sais... mais bien à plaindre, j'en réponds!

BUONOCORSO, brutalement.

Si tu rends service à nos ennemis, toi, à cette heure!...

UGONE.

Si j'étais à la place de son fils, ma mère serait bien heureuse que l'on fît pour elle ce que je viens de faire! — Et s'il y a sottise de ma part, elle ne fait de mal à personne, n'est-ce pas?

SCARLONE, haussant l'épaule.

Et ça se dit Guelfe!

BUONOCORSO.

Pleurnicheur, va!...

PORCIA, assise sur le banc, au pied de la colonne, et riant
avec Buonocorso.

Faire la cour aux nourrices! (Rires.)

UGONE, haussant l'épaule.

Voulez-vous que je vous dise, vous autres?... A force de fréquenter ces brutes d'aventuriers, qui ne se battent que pour le butin, vous finirez par n'être plus, comme eux, que des bandits. — Mais, par mon salut!... quelqu'un qui ne sera pas des vôtres... c'est le fils de mon père! — Ennemis dans la bataille, soit!... mais après, trinquons! (Rire railleur de Buonocorso, il va lentement à lui, et avec intention.) Et celui qui pense autrement... je le mets plus bas qu'un chien lépreux!

BUONOCORSO, se redressant, son poignard à la main.

C'est pour moi que tu dis ça?

UGONE, tranquillement.

Tu te reconnais donc?...

BUONOCORSO, calmé.

Toi!... si tu n'avais pas tes épaules!...

UGONE, de même.

Oui; — mais j'ai mes épaules!... Passe-moi le vin.

BUONOCORSO, stupéfait.

Hein!...

UGONE, froidement menaçant.

Passe-moi le vin!...

BUONOCORSO, intimidé, et avec un geste de rage.

Voilà!...

UGONE.

C'est ça!... (Il remonte en buvant. — Rires des soldats qui se moquent de Buonocorso.)

PORCIA, debout, à Buonocorso, le poussant par l'épaule.
Le marché ne tient plus!... Tu es trop lâche! (Elle remonte
vers Ugone.)

SCÈNE III.

Les Mêmes, moins PORCIA, UBERTA.

UBERTA, sortant de la salle de droite.
et après avoir cherché des yeux autour d'elle, allant au groupe
des trois hommes qui a fait silence à sa vue.
Quelle est, parmi vous, l'âme charitable qui m'est venue si
généreusement en aide?

ZANINO.
Ne le connais-tu pas, femme? (Porcia quitte Ugone, et remonte, au
fond, Ugone redescend à droite.)

UBERTA.
Dans ma douleur je n'ai pris garde ni à son visage, ni à sa
voix!

SCARLONE, lui montrant Ugone.
Le voici! — C'est Ugone!

UBERTA, se retournant vers lui et le reconnaissant.
Oui, je le reconnais! — Dis-moi ce que je puis faire pour
toi, brave cœur?...

UGONE.
Quand la bataille va recommencer à l'*Angelus,* dis un *Ave*
pour moi, voilà tout!

UBERTA
Je le dirai ce soir, et tous les jours de ma vie!... Tu t'ap-
pelles Ugone?

UGONE.
Oui; du Tiers de Saint-Martin!

UBERTA.
Je ne te connaissais pas!

4

UGONE.

Moi je te connais bien,... et ton fils Andreino est venu assez souvent jouer à la maison avec mon jeune frère.

UBERTA, repoussant sa main qu'elle serrait dans la sienne.

Et dire que cette main que je presse est peut-être celle qui me l'a tué!...

UGONE, vivement.

Non pas, femme,... et quand ton fils est tombé!...

UBERTA.

Tu l'as vu?...

UGONE.

A mes pieds!...

UBERTA.

Sainte Vierge!... Et comment... et par qui... a-t-il été tué?...

UGONE.

A quoi bon?...

UBERTA.

Oh! plonge le couteau jusqu'au fond! Il n'est qu'une heure pour entendre de telles choses... du moins ce sera fait!

UGONE.

Tu as raison! — Eh bien, donc, nous escaladions le rempart, ton fils porte un coup trop faible à... l'un des nôtres, qui, par pitié de son âge, d'un revers de bras, le jette sur le sol, et passe!... Ton fils, furieux, se relève et le frappe de nouveau par derrière... Cette fois le sang coule,... l'autre, irrité, se retourne,.. et... d'un coup de hache!...

UBERTA.

Ah! bête fauve!... Un enfant qui savait à peine tenir son épée!... Le nom de ce démon?

UGONE.

Son nom?...

UBERTA.

Oui?...

SCARLONE ET ZANINO, à Ugone pour l'inviter au silence.

Ugone!...

UBERTA, avec violence.

Son nom! je t'en conjure!

UGONE, haussant l'épaule.

Cela te rendra-t-il ton fils?...

UBERTA.

Je le vengerai!

UGONE.

Et voilà ce qu'il ne faut pas! — Il y a trop de haines déjà entre nous. Cet homme d'ailleurs n'a fait que son devoir de soldat... et crois bien qu'un autre n'eût pas été d'abord si clément.

UBERTA, insistant.

Ugone!... par grâce!...

UGONE, avec force.

Non! femme,... de moi tu ne sauras rien de plus!...

UBERTA.

Ah! tu le sauves!... (Sons de trompettes au fond.)

UGONE.

C'est à nous, cette fois! — A nos postes! — Adieu, Uberta! (Tous se lèvent, font vivement disparaître les restes du repas et de la sieste, et reprennent leurs armes pendant l'appel, puis se rangent pour suivre Ugone.)

UBERTA, à Ugone prêt à partir.

Le ciel veille sur toi.

UGONE, ému et montrant la droite.

Et si l'on me porte là,... ma mère demeure à Saint-Maurice, la petite maison devant l'église!... ne l'oublie pas!

UBERTA, lui serrant les mains.

Dieu lui épargne cette douleur!

UGONE, de même.

Allons, du courage, Chrétienne... et au revoir!... (Il remonte et sort par le fond.)

SCÈNE IV.

UBERTA, CORDELIA

(Cordelia, sortie du cimetière, paraît à gauche, entre la colonne et la croix, les suivant des yeux.)

UBERTA, prête à sortir par la droite, l'apercevant.

Cordelia!...

CORDELIA.

Tais-toi, et attends que ces hommes s'éloignent! (Le bruit s'éteint peu à peu et le jour commence à baisser légèrement.)

UBERTA, à demi-voix.

Seule ici? — toi?... Qu'y viens-tu faire, ma fille?... et à cette heure?

CORDELIA, regardant toujours au fond, pâle, et d'une voix basse et brève.

Et toi?

UBERTA, montrant la porte de droite.

Hélas! — Ensevelir mon fils, et avec lui toute ma vie!

CORDELIA.

Et je viens, moi... sauver de la mienne ce qu'il en reste!..

UBERTA, vivement.

Tu sais donc qui?

CORDELIA, regardant vers le fond.

Avec l'aide de Dieu, je le saurai bientôt...

UBERTA.

Et comment? — Parle sans crainte... nous sommes seules. — Cette voix, tu l'as encore entendue?

CORDELIA.

Non! — A l'issue de la messe, dérobée sous ce voile, à mes frères, à toi-même, et confondue parmi celles qui venaient ici reconnaître leurs morts, je me suis attachée aux pas de ces trois hommes, avec ce seul, ce même espoir : —

puisque c'est un de ces trois-là qui a parlé!... je saurai
bien lequel! — Ils allaient devant moi, par les rues, se
parlant, mais tout bas,... et je prêtais en vain l'oreille!...
Enfin ils sont entrés dans ce cloître, puis ont disparu de co
côté; où, après le repas ces héros, m'a-t-on dit, allaient faire
la sieste!... — Je n'étais pas venue là pour ne pas savoir
attendre,... mais au pied de cette Croix, l'ardent soleil me
brûlait, m'enivrait,... j'ai senti bientôt la folie prête à m'en-
vahir, et je me suis réfugiée dans cette Église... où j'ai prié
tout le jour! — L'ombre s'étend! — me voilà! — Il a fini
de sommeiller, j'espère,... et il se décidera bien à sortir, ce
tigre!... La nuit!... voilà son heure!...

UBERTA, effrayée.

Attendre cet homme ici, c'est là ce que tu veux?

CORDELIA.

Oui, je le veux!

UBERTA.

Et s'il te reconnaît? ..

CORDELIA.

Sous ce voile? — D'ailleurs il y a trève! — Et qu'ont-ils
à redouter d'une femme?...

UBERTA, de même.

Non! tu ne peux faire cela! — Vois!... tes mains sont gla-
cées, et la fièvre brûle ton front!...

CORDELIA.

Qu'elle m'achève!

UBERTA, vivement.

Cordelia! — écoute celle qui t'a servi de mère!... Retour-
nons ensemble à la Seigneurie... Pense, ma fille, que depuis
hier tu n'as pris ni repos, ni...

CORDELIA, l'interrompant.

Tombe en lambeaux cette misérable chair! — Je ne lui
ferai pas l'aumône d'une bouchée de pain ni d'un verre d'eau,
que je n'aie lavé sa souillure!

4

UBERTA.

Mais qu'espères-tu donc, enfin ?

CORDELIA.

Attends-les, et tu verras !

UBERTA.

Mais ils sont loin !... et ne viendront plus !

CORDELIA.

Ils viendront ! — Dieu, que j'ai prié, m'en a donné l'assurance !

UBERTA.

Mon enfant !... (On voit paraître au fond sur la place, Orso donnant des ordres à Splendiano et Malerba.)

CORDELIA, triomphante.

Les voici !

UBERTA, effrayée, voulant l'entraîner vers le cimetière.

Alors de ce côté !...

CORDELIA, la retenant.

Ici même, te dis-je !... Écoute avec moi !

UBERTA.

Mais !...

CORDELIA, avec force, la clouant sur la place, entre les deux colonnes.

Écoute, au nom du ciel, ou va-t-en ! — et me laisse toute seule à mon œuvre !... (Elle se penche et écoute.)

SCÈNE V.

LES MÊMES, ORSO, SPLENDIANO, MALERBA, au fond, puis SCARLONE et ZANINO.

SPLENDIANO, entrant le premier, tandis qu'Orso et Malerba restent au delà du seuil.

Oui... oui ! C'est bien ! — L'*Angelus* ne tardera guère !...

CORDELIA.

Cette voix...

SPLENDIANO, *appelant vers la droite.*

Scarlone!...

ORDELIA, *après avoir écouté avec attention, sans quitter le bras de Uberta, à elle-même.*

Non ! ce n'est pas celui-là!...

SPLENDIANO, *à Scarlone.*

Tes hommes sont prêts?

SCARLONE.

Tous !

SPLENDIANO, *se tournant vers Malerba.*

Et les archers ?

MALERBA, *s'avançant.*

Aussi!... (*Mouvement de Cordelia qui prête l'oreille à sa vue; continue.*) J'ai fait renouveler toutes les cordes!..

CORDELIA, *même jeu.*

Toi non plus!...

ORSO, *sur le seuil de la porte, parlant aux soldats du fond.*

Trouvez-moi Ugone, sur la place !...

CORDELIA, *vivement, s'oubliant.*

C'est toi!...

UBERTA.

Orso?...

CORDELIA.

Alors, ce doit être Orso !

ORSO, *qui descendait, surprenant le mouvement de Cordelia.*

Que font là ces femmes ?

UBERTA, *effrayée pour Cordelia qui, dans un mouvement d'horreur, à la vue d'Orso, recule jusqu'à l'extrême gauche, bas :*

Dieu! quel danger!... Tais-toi!... (*Haut, se plaçant entre eux.*) Ces femmes!... ces femmes, Orso, sont venues ramasser parmi les morts le fils que l'on m'a tué!...

ORSO, *la reconnaissant, avec compassion.*

Uberta?... C'est vrai, pauvre femme, oui, ton Andreino!...

Dieu m'est témoin pourtant que ce n'est pas à lui que j'en
avais, ni à toi!... qui fus l'amie de ma mère...

CORDELIA, à elle-même, — contre la colonne, — le regardant
avec stupeur, et les dents serrées, avec rage.

Cet artisan!... cet homme-là!... cet homme!... oh! non,
non!

ORSO, à Uberta, poursuivant.

Mais n'es-tu pas bien coupable aussi d'avoir laissé ce
malheureux enfant courir à sa mort certaine?...

UBERTA.

Ah! grand Dieu! — l'ai-je donc permis?...

ORSO.

C'est donc Giugurta qui l'a voulu?

UBERTA, avec douleur.

Oh! sans cela!...

ORSO.

Eh bien! là encore tu as mérité ce qui t'arrive!...

UBERTA.

Mérité?...

ORSO.

N'es-tu pas de sa maison, à ce Giugurta? — Eût-il dépêché
ton fils à la mort si, née de peuple, et Guelfe, comme nous,
tu n'étais volontairement l'esclave de ces Gibelins infâmes?...
(Mouvement de Cordelia et d'Uberta.) Oui, infâmes!... les tyrans qui
m'ont proscrit et ruiné!... et par qui mon père est mort
dans l'exil!... Et plus infâme que tous, la digne fille de cette
race damnée!... leur exécrable sœur, nourrie de ton lait!...
ta Cordelia!... (Mouvement de Cordelia sous l'injure.)

UBERTA, effrayée, prête à la couvrir de son corps.

Elle?... Grand Dieu!...

ORSO, tout à son sentiment, et à qui ce mouvement échappe.

Et qui donc, ce soir de fête, — où toute la ville faisait trêve
à ses vieilles discordes! — qui donc a soufflé sur ces haines
mal éteintes et rallumé le feu qui nous dévore?... Oh! créa-

ture maudite !... Tu parais, et morte est la paix de toute
une ville ! — Tu parles, et tout un peuple se déchire !...Oui,
tout cela est ton œuvre !... oui, ce sang qui coule, c'est toi
qui le verses !... oui, ces cris des mourants, ces malédictions
des veuves et des mères !... ces clameurs d'un peuple affolé
qui s'égorge,... tout cela monte à Dieu... et t'accuse ! —
Et n'accuse que toi ! — Car c'est toi qui as déchaîné sur
nous cet enfer !... Oui, furie ! oui, c'est toi !

CORDELIA, bondissant.

Oh !...

UBERTA, s'élançant au-devant d'elle, et la contenant.

Malheureuse !...

ORSO, allant et venant, hors de lui, et grisé par ses propres paroles
qui sont autant de révélations et de certitudes pour Cordelia et Uberta.

Eh bien, qu'elle triomphe à présent, ta Cordelia ! — Entre
elle et moi, c'est désormais affaire de destruction !... Elle
m'a banni de cette ville, je la balaierai de ce monde !... Elle a
fait mon foyer désert !... j'ai mis son palais en cendres !...
(Mouvement des deux femmes.)Elle m'a traité comme un esclave !...
Je l'ai châtiée comme une courtisane !...

CORDELIA, à elle-même, tombant écrasée sur le banc de pierre.

C'est lui ! (Même jeu d'Uberta, pour la dérober à la vue d'Orso.)

ORSO, à Uberta.

Va lui demander ce qu'elle en pense ! — et qui, de la Patri-
cienne ou du Cardeur de laine, peut aujourd'hui le plus effron-
tément regarder l'autre !...

CORDELIA, debout, à elle-même, désespérée.

Ah ! démon !...

ORSO.

Quant aux fleurs fatales dont elle m'a souffleté, en pleine
rue, et avec moi tout ce peuple !... (Il les tire de son sein.) les
voici ! — Je les gardais là, jour et nuit !... pour me rappeler
ma vengeance !... — C'est fait ! — Maintenant volez à Cordelia, fleurs fanées, et qu'elle ose vous mépriser encore !... Tu

es moins flétrie, poussière, et moins avilie qu'elle! (Il les broie
et en laisse tomber les débris.)

CORDELIA, hors d'elle-même, et prête à se trahir.

Oh! entendre cela!... l'entendre!...

UBERTA, s'élançant devant elle.

Ma fille!

ORSO, apercevant Cordelia.

Quelle est cette femme?

UBERTA, effrayée, vivement, entourant Cordelia de ses bras,
pour la défendre.

Sa servante!... qui la pleure avec moi!

ORSO, faisant un pas vers elle.

Qui la pleure?...

UBERTA, effrayée pour Cordelia.

Cordelia est morte!...

ORSO, saisi.

Morte!

UBERTA.

Cette nuit... dans son palais en feu!

ORSO, frappé.

Morte!... — (Après un silence.) C'est la guerre! (Mouvement
d'Uberta, pour emmener Cordelia.) Oh! pleurez en liberté, femmes;
elle, sa Maîtresse, et toi ton Fils!... Et celui-là!... plût au
Ciel qu'il me fût permis de te le rendre!...

UGONE, du fond.

Orso!

ORSO.

Oui! (Aux chefs.) Suivez-moi! (Il remonte au fond, vers les autres
chefs. — Le jour baisse tout à fait, on allume les torches sur la place.)

CORDELIA, éclatant.

O lâche! lâche! lâche!...

UBERTA, cherchant à la calmer.

Mon enfant!...

CORDELIA, désespérée et voulant s'élancer sur les pas d'Orso.

Tu l'as entendu ?...

UBERTA.

Prends garde!

CORDELIA.

Oh! comme il m'avilit, l'infâme, et me foule aux pieds,...
et me jette au ruisseau des filles perdues!...

UBERTA.

Ma chère fille!

CORDELIA, d'une voix sourde.

Oh! misérable!... Je t'arracherai le cœur, et le déchirerai
avec mes ongles. — Oh! misérable! misérable!...

UBERTA.

Par pitié, tais-toi!...

CORDELIA, désespérée.

Et que le ciel ait permis cela!... Être à cet homme!
être à ça!... moi! moi!... ô implacable Dieu! (Éclatant en
sanglots.) Qu'ai-je fait pour une telle infamie? (Uberta près d'elle,
cherche à la calmer et à l'entraîner pendant ce qui suit; les chefs Guelfes
reparaissent au fond.)

MALERBA.

Voici la nuit : et l'heure approche! (Clameurs lointaines, qui vont
se rapprochant et grandissant.)

ORSO, reparaissant par la porte de droite, à Ugone qui entre
par la gauche.

Qu'est-ce donc? (A sa vue Uberta entraîne vivement Cordelia dans
salle des morts, où elles disparaissent.)

SCÈNE VI.

ORSO, UGONE, MALERBA, SCARLONE,
BUONOCORSO, ZANINO, CRISTOFORO,
GUELFES.

UGONE, arrivant, suivi de soldats, anxieux et inquiets.

Des nouvelles!

O R S O et M A L E R B A.

Des nouvelles?

S P L E N D I A N O, arrivant par le fond, suivi également de soldats.

Et mauvaises pour nous!... (Mouvement de tous pour l'en-
tourer.)

T O U S.

Mauvaises?...

S P L E N D I A N O.

L'Empereur a quitté Pérouse et arrive à marche forcée!
(Mouvement de tous.)

O R S O, vivement.

Qui dit cela ?

C R I S T O F O R O, arrivant par le fond, suivi de toute la foule.

Moi..., qui ai crevé deux chevaux pour vous en aviser! (Il
descend; grande agitation au fond, et sur toute la scène. — De tous côtés
des hommes armés et des torches.)

O R S O, allant à lui et le ramenant en scène

Tu dis que le César romain?

C R I S T O F O R O.

Son avant-garde est à Monte-Pulciano!... (Mouvement des
Guelfes.) et le gros de l'armée peut être ici au petit jour!

M A L E R B A, aux autres chefs.

Par le diable ! il vient au secours des Gibelins!... (Malerba,
Splendiano, Scarlone et Buonocorso forment un groupe à droite. — Tous
les soldats se groupent çà et là avec inquiétude.)

T O U S.

Sûrement!...

S P L E N D I A N O, de même.

Quand je l'ai dit, que la trève n'était bonne qu'à les sauver !

T O U S.

Oui !...

M A L E R B A.

Au lieu de profiter de nos avantages de la nuit, sans leur
donner le temps de souffler!

TOUS.

Oui ! oui ! (Murmure d'approbation de tous les soldats.)

ORSO, qui a prêté l'oreille, sans bouger, à ces récriminations, allant droit à Malerba et le forçant à retourner la tête, en lui frappant sur l'épaule.

Et l'avais-tu pris, toi, ce temps-là, pour déclarer que tes hommes tombaient de fatigue ?... (A Scarlone.) Et toi.., que les aventuriers tournaient bride ?...

MALERBA, embarrassé.

C'est vrai !...

SCARLONE, de même.

Nous ne disons pas !...

ORSO, les regardant en face.

Qui donc alors ose trancher ici du mieux avisé que moi ?... (Profond silence. — Il redescend à Cristoforo, et froidement.) A combien estimes-tu les forces du César romain ?

CRISTOFORO.

Quinze mille hommes pour le moins, sans compter les douze cents lances du Vicaire impérial,... et trois mille chevaux du Légat de Bologne !

ORSO, à lui-même.

Ah !... ce légat s'en mêle !

MALERBA.

Il n'est pourtant pas l'ami des Gibelins, cet Empereur !

ORSO, gagnant la droite.

Eh ! Guelfes ou Gibelins, que lui importe, à ce César avide, qui ne cherche que l'occasion de pêcher partout en eau trouble ! — Ne le savez-vous pas aux expédients... et qu'il n'est en Italie que pour y rançonner les villes, la lance au poing, comme d'autres, — ses confrères, — y détroussent les passants ? — Non ! il ne vient pas en aide à Giugurta mais Giugurta est un prétexte, pour se camper menaçant, là, sous nos remparts, et nous faire acheter son départ cinquante mille florins, comme il l'a fait à Florence et à Pise. — A moins pourtant qu'il n'ait déjà vendu Sienne au Pape !... Opération qu'il fait encore !...

TOUS, l'entourant.

Oui! oui, c'est cela!

BUONOCORSO.

Que faire alors?

SPLENDIANO.

Lui dépêcher quelqu'un...

UGONE, vivement.

Jamais cela.

SCARLONE

Parle, Orso; quel parti prendre?

ORSO.

Un seul! — Qu'au lever du soleil, ce détrousseur de villes trouve nos portes closes, nos remparts armés, et tout un peuple debout, prêt à lui répondre!...

TOUS.

Oui!

ORSO.

Et pour cela,... à nous le *Campo!* dans une heure, et toute la ville cette nuit!... — Vous en sentez-vous le cœur et la force?...

TOUS.

Oui!

ORSO.

Alors, bouclez vos courroies, car l'*Angelus* n'est pas loin; et jouons serré la bataille. — Malerba, double ton monde, et dussent les murs crouler sur toi, droit à la *Croix du Travail*... et restes-y, vivant ou mort! — (A Splendiano.) Toi, où je t'ai dit! — (A Scarlone.) Et toi, par la voûte, sur la tour des Marescotti!... — tandis que je les prends à revers, par les jardins, qui ne sont pas gardés (Mouvement.), j'en suis sûr! — Ugone, une échelle, un sac de poudre, et dix hommes avec toi, résolus, sans autre arme que le poignard et la hache!...

UGONE

Bien!

ORSO.

Maintenant plus de torches. (Les torches disparaissent et les soldats se dispersent.) —Vous, à vos postes, sans bruit! allez! (En ce
moment Uberta reparaît avec Cordelia sur le seuil de la salle des morts, cherchant à s'éloiguer.)

MALERBA et SPLENDIANO, apercevant les deux femmes
en remontant pour sortir.

Renvoyez ces femmes!...

ORSO.

A quoi bon? — Qu'elles restent!

MALERBA, soupçonneux, reconnaissant Uberta.

C'est l'Uberta du Saracini!...

ORSO, l'entraînant par la gauche.

Qu'elles restent là, te dis-je. — C'est bien le moins que
je laisse pleurer la mère... dont j'ai tué l'enfant!

UBERTA, qui a saisi les derniers mots.

Lui!... c'est lui!... (A Ugone qu'elle saisit et arrête par le bras.)
C'est lui?...

UGONE, haussant l'épaule et se dégageant pour s'éloigner.

Il avait bien besoin de te le dire! (Il sort par le fond.)

SCÈNE VII.

UBERTA, CORDELIA.

UBERTA, hors d'elle-même.

Et je suis là, moi! — Je lui parle, et je l'écoute!... (Elle va
pour s'élancer vers Orso.)

CORDELIA, sur le seuil.

Uberta! — Veux-tu te venger?

UBERTA

Si j'e voi ...

CORDELIA, d'une voix sourde.

Fais donc comme moi, attends!... et tais-toi!... (Silence, et tout ce qui suit, à demi-voix, rapide. — Les deux femmes, près l'une de l autre à l'avant-scène, tandis qu'au fond l'on se prépare au combat.)

UBERTA.

Oh! — A nous deux, nous allons bien tuer cet homme-là! n'est-ce pas?

CORDELIA.

Oui!

UBERTA.

Tes frères!... Quand l'auront-ils jamais, tes frères, à portée du bras, comme nous l'avons là?

CORDELIA.

Jamais!

UBERTA.

Trouvons seulement une arme!

CORDELIA, lui montrant un poignard.

Je l'ai!

UBERTA.

O Lucrèce! nourrie de mon sang... Donne, que je frappe!

CORDELIA, retirant l'arme.

Non, pas toi! — Moi!

UBERTA.

Toi?

CORDELIA.

Oui!

UBERTA.

Ma fille, y penses-tu?... Quel danger pour toi!

CORDELIA.

Et pour toi, le même.

UBERTA.

Ah! qu'importe, moi!... Est-ce que ma vie compte encore pour quelque chose?

CORDELIA.

Et la mienne donc!

UBERTA.

Si quelqu'un doit succomber, c'est moi! te dis-je! — Donne donc!

CORDELIA.

Non! — L'âge trahirait ta force!

UBERTA.

Quand toute l'âme de mon fils est dans mon bras! — Cordelia! ne me dispute pas cette joie! — Cet homme m'appartient avant d'être à toi! — C'est avant de t'outrager qu'il avait tué mon enfant!

CORDELIA.

Et qui de nous deux est la plus frappée? — Tu ne pleures qu'un mort, toi; — et je me pleure,... moi, vivante!

UBERTA.

Je te conjure!...

CORDELIA.

Et moi je t'ordonne! Assez!... L'arme est à moi; et c'est à moi qu'elle servira!...

UBERTA.

Tout de suite, alors!... Qu'attends-tu?... Vois!... (Lui montrant Orso sur la place, au fond.)... Il est seul!...

CORDELIA.

Il y a trève jusqu'à l'*Angelus,* — et je ne chargerai pas mon âme d'un sacrilége!

UBERTA.

Vain scrupule! — Pour que l'occasion nous échappe!

CORDELIA.

Laisse-moi faire à ma guise, et va-t-en!

UBERTA.

Que je parte?

CORDELIA.

Tu me gênes et m'obsèdes!... Va-t-en!

UBERTA, montrant la porte à droite.

Là seulement!... que je voie!

CORDELIA.

Je ne veux sur moi que le regard de Dieu !... Va retrouver
ton fils, et prie-le de nous venir en aide !

UBERTA, vivement.

Mieux que tu ne penses ! — Son poignard est à sa cein-
ture,... je le prends, et si tu le manques !... Avec celui-là,
j'en aurai ma part ! (Elle entre vivement dans la salle des morts.)

SCÈNE VIII.

CORDELIA, ORSO.

(La nuit est tout à fait venue; mais la lune commence à se lever du
côté du cimetière et à éclairer la scène faiblement. — L'horloge sonne.)

ORSO, au fond, sur le seuil, aux soldats qui sont sur la place.

Voici l'heure ! — Tout est prêt?

VOIX au fond.

Tout !

ORSO, au fond, sur le seuil.

L'attaque, au dernier son de la cloche de l'*Angelus !* (Mouvement de Cordelia. — Orso prend des mains d'Ugone son bouclier et sa
hache, l'*Angelus* sonne. Il entre en scène, dépose son bouclier et son arme,
et se met à genoux sur les marches de la croix, où il prie. — Au fond, sur
la place, tous les soldats en vue sont agenouillés dans la direction de l'église.
— Musique.)

CORDELIA, à genoux, à l'avant-scène de droite.

Seigneur Dieu ! — je t'ai prié tout le jour pour te demander
l'apaisement et le pardon : tu ne m'as inspiré que la révolte
et la haine ! Ce que tu as permis est horrible, conviens-en !...
Et je ne puis pourtant pas me résigner à n'être plus toute
ma vie, moi chrétienne, que les restes de l'orgie de ce soldat
ivre !... Souffre donc, Dieu juste, que je brise à jamais la
chaîne infâme qui m'unit à cet homme ! Et puisque tu ne
prends pas toi-même le soin de ma vengeance !... laisse-moi

m'en charger toute seule ! (La cloche cesse de sonner. Au même moment la bataille éclate. — Détonations lointaines.)

ORSO, debout, criant à ses hommes.

En avant !... (Les soldats s'élancent et disparaissent en poussant leurs cris de guerre. — Cordelia remonte vers Orso, avec l'intention de le frapper ; il l'aperçoit, et tout en prenant son bouclier, lui crie vivement sans la regarder.) Femme... voici la bataille ! — Retire-toi, tu n'as plus rien à faire ici !

CORDELIA, profitant du moment où il se penche pour prendre sa hache.

Et ça !... (Elle le frappe au cou. Orso pousse un cri terrible et tombe sur les marches de la croix ; elle jette le poignard.)

C'est la guerre !... (A la vue d'Ugone, elle s'élance à gauche et disparaît de ce côté.)

SCÈNE IX.

CORDELIA, derrière la coulisse, ORSO, à terre, UGONE, ZANINO, SCARLONE.

(Pendant tout ce temps, le bruit du combat au loin.)

UGONE, accourant par la droite.

Ce cri !... Orso !... (Il aperçoit Orso étendu.) Tué !... (Appelant.) A moi ! (Zanino, Scarlone, Buonocorso, accourent par le fond.)

ZANINO, entrant.

Orso !

SCARLONE, de même.

Tué !... (Ils l'entourent, et cherchent à le ranimer.)

UGONE, le soulevant.

Assassiné ! Le couteau est là-bas ! (A Buonocorso.) Appelle donc, qu'on nous aide ! (Buonocorso s'élance au fond. — Silence d'un instant, pendant lequel on n'entend que le bruit du combat.)

ZANINO, à demi-voix.

Ferme la plaie !

SCARLONE.

Non! non! le sang l'étoufferait!

UGONE.

Aide-moi, soutiens-le... comme ça.

SCARLONE.

Oui, oui!

UGONE.

Doucement.

ZANINO.

Il ne respire plus.

MALERBA, entrant vivement avec Buonocorso.

Orso!... Mort?

UGONE, épongeant le sang.

C'est Uberta qui a fait le coup...

BUONOCORSO.

Je l'ai dit : une sorcière!... Trouvons-la!... (Mouvement vers
la salle des morts.)

MALERBA.

Eh! nous avons bien le temps! — A la bataille! Allons!

SPLENDIANO, sur le seuil.

Venez donc, par le diable!... on nous attaque de tous les
côtés!

LES SOLDATS.

Orso est mort!

SPLENDIANO.

Eh bien, il est mort, voilà tout!... En avant!... On nous
écrase dans la rue haute! (Ils s'élancent tous dehors. — Il ne reste
en scène que Ugone et Scarlone près d'Orso.)

UGONE.

Pauvre garçon!... Nous allons le laisser là,... comme ça?

SCARLONE.

Emportons-le toujours dans l'église.

UGONE, emportant Orso avec l'aide de Scarlone.

Un fier soldat!... celui-là!... Avant qu'on le remplace! (Ils

ont à peine dépassé le seuil et cessé d'être en vue, qu'une forte détonation
se fait entendre.)

SCARLONE, poussant un cri, hors de vue.

Ah! confession! je suis mort! (On voit Ugone fuir vers la droite
— Un des battants de la porte retombe et cache le corps d'Orso qu'ils ont
abandonné, et qu'on ne voit plus pendant ce qui suit.)

SCÈNE X.

CORDELIA, UBERTA.

(Pendant la scène, le bruit du combat s'éloigne de plus en plus, et l'on
finit par ne plus entendre que des détonations très-lointaines.)

UBERTA, à droite, sur le seuil de la porte du couvent, à demi-voix,
après un silence.

Cordelia! es-tu là?...

CORDELIA, toute pâle, appuyée contre la colonne de gauche,
de même.

Viens!... c'est fait!...

UBERTA, à demi-voix.

Mort?

CORDELIA, de même.

Oui!

UBERTA, avec joie, de même.

O ma fille! Vertu romaine!... Et comment l'as-tu tué?...

CORDELIA.

Je ne sais!... comme on tue!... Tout mon sang me criait
aux oreilles!... va!... et plus rapide que ma volonté, mon
bras l'a frappé, là même où la brute m'avait posé sa griffe!...
dans le cou!. .

UBERTA.

O mon Andreino! vengé!... Et alors... Dis-moi tout, que
je m'en repaisse!... Alors, il est tombé, n'est-ce pas?...

CORDELIA.

En poussant un cri terrible!... Ne l'as-tu pas entendu?...

5.

UBERTA.

Si! si! mais après,... ce grand bruit de voix?...

CORDELIA.

Ses hommes qui l'emportaient... mais le combat les a dispersés; et ils ont abandonné son corps!...

UBERTA, vivement.

Où?

CORDELIA.

Là!... sur la place!

UBERTA.

Viens le voir!

CORDELIA, vivement, reculant avec un mouvement d'horreur.

O Dieu! non! — A quoi bon?...

UBERTA.

Ah! je veux rassasier ma haine de cette vue! — Tu as eu
ta joie, toi!... il me faut la mienne!...

CORDELIA, tressaillant.

Tais-toi!

UBERTA, s'arrêtant.

Quoi?

CORDELIA, montrant la porte

J'entends comme un gémissement!

UBERTA.

Non! — c'est le vent dans les arbres, et l'eau qui coule sur
la place! (Elle remonte et disparaît un moment sur la place.)

CORDELIA, seule, après un silence.

Oui, c'est la brise du soir qui se lève!... O calme!... calme
enchanteur de la nuit!... repos, fraîcheur, oubli!... Le bruit
du combat s'éteint tout au loin!... Il semble qu'un orage a
fondu sur nous, qui maintenant se disperse; et tout s'apaise,
dans la nature,... comme dans mon cœur! — Triomphe
à présent, ô mon honneur vengé... et respire à pleines gor-
gées l'ivresse du salut! Debout mon âme, et renais à ta liberté
reconquise!... O Cordelia! — tu n'es plus à personne au
monde, qu'à toi-même!

UBERTA, reparaissant à la porte du fond, inquiète.

Ma fille! ma fille! — où dis-tu qu'il est tombé de leurs bras?...

CORDELIA.

Là! devant la porte!

UBERTA, de même.

Mais il n'y est pas, devant la porte!

CORDELIA.

Il n'y est pas?

UBERTA, ouvrant le battant retombé et montrant la place vide,
éclairée par la lune.

Regarde!...

CORDELIA, saisie.

Juste Dieu! — Comment cela se peut-il?

UBERTA, descendant.

Les hommes l'ont emporté!

CORDELIA.

Eh! non, te dis-je; puisqu'ils ont fui!

UBERTA.

Es-tu bien sûre de l'avoir tué?...

CORDELIA.

Oh! si j'en suis sûre!... Un coup pareil!... Et ce cri!... si ce n'était pas le cri d'un homme tué!

UBERTA.

Enfin! s'il n'était que blessé, pourtant?

CORDELIA, frappée.

Blessé!...

UBERTA.

Et s'il s'était enfui!...

CORDELIA.

Blessé!...

UBERTA.

Puisqu'il n'est plus là.

CORDELIA.

Et toute ma honte vivante encore avec lui!... Oh! non!
non! non!... il nous le faut! — Et mort!...il nous le faut mort!

UBERTA.

Viens donc!

CORDELIA, s'adressant à la croix.

Ah! Dieu vengeur! fais qu'il soit mort!... je ne recom-
mencerais pas ce que j'ai fait!... (Elle s'élance dehors. — Uberta la
suit. — Le décor change.)

DEUXIÈME TABLEAU.

La place. — Au fond, le portail de l'église Saint-Christophe, dont les portes pendent brisées à coups de hache, et où brille faiblement la lampe du sanctuaire. — A gauche, une rue qui monte vers une voûte surmontée d'une tour, et au premier plan, une Madone avec sa lampe, et trois marches au pied. — A droite, le mur du cimetière, au-dessus duquel on voit les cyprès, et plus haut, la porte du cloître. — Au milieu de la scène, une fontaine ornée d'une colonne portant la Louve. — Çà et là des gens tués, surtout dans la rue qui monte. — Le tout éclairé par un admirable clair de lune.

SCÈNE PREMIÈRE.

CORDELIA, UBERTA.

UBERTA, au milieu des corps, sur les marches de la rue haute.
Quand je te dis qu'il n'y est pas!...

CORDELIA, après avoir regardé tout autour d'elle.
Non!... Non plus!... Sa trace, du moins?...

UBERTA.
Du sang!... Il y en a partout!...

CORDELIA.
C'est vrai... Et la lune indifférente luit sur tout cela!..
(Montrant un tas de cadavres dans la rue.) Oh! l'horrible chose, là-bas!

UBERTA.
Oui! — C'est dans un tas pareil que j'ai trouvé mon fils, sous les autres!...

CORDELIA.
Et ta vengeance t'échappe avec la mienne!... Ah! non! non! Il nous le faut! —Cherche là-bas, et moi de ce côté!

et vois d'abord s'il ne s'est pas réfugié dans cette église...
où brille une lumière!...

UBERTA.

Oui!... et si tu le trouves... appelle-moi!...

CORDELIA, descendant à droite dans l'ombre.

Toi de même!... va!

UBERTA, sur le seuil de l'église.

Mais quand je te le disais... que le bras d'une mère était
plus sûr que le tien!... (Elle pousse la porte brisée et disparaît dans
l'église.)

SCÈNE II.

CORDELIA, ORSO.

CORDELIA, seule, cherchant à droite, dans l'ombre.

Cordelia!... Pense bien que, lui vivant, c'est toi qui n'as
plus le droit de vivre!... (Elle se penche sur un mort tombé contre le
mur.) Cette cuirasse!... Non... (Désespérée.) Et pourtant!... il
a crié!... Il est tombé!... Je l'entends encore!... Je le vois!...
(Elle heurte du pied un cadavre à l'avant-scène.) Ah! je te reconnais,
toi!... pauvre diable!... Adieu!... Et toi!... Non!... (Se retournant et regardant deux cadavres enlacés.) Guelfe et Gibelin, les
voilà dans les bras l'un de l'autre!... O mort!... quelle concorde est la tienne!... (Elle continue sa recherche.) Et jamais lui!...
jamais!... Si!... celui-là... le visage dans l'ombre!... Ah
peut-être!... Oui!... (Elle s'approche d'un corps étendu à l'avant-
scène et que la lune éclaire à demi, se penche pour voir ses traits, et prête
à écarter ses cheveux, retire sa main avec crainte.) Pourquoi ma
main frémit-elle?... Tu as peur, Cordelia?... toi?... Allons
donc! (Elle retourne brusquement la tête et la met de face, et l'on voit
la figure d'Orso, pâle, les yeux fermés, en pleine clarté de la lune. Se relevant vivement.) C'est lui!... enfin!... Ah! Dieu juste!... Merci!...
le voilà!... et mort! (Se penchant pour le regarder de nouveau à distance,

et baissant la voix.) Oui ! il s'est traîné là, pour mourir !... (Silence
— Sans le perdre de vue, s'éloignant encore, à voix basse, avec une sorte
de crainte superstitieuse.) Pourquoi est-il plus grand que de son
vivant ?... et plus menaçant aussi ?... Il semble qu'il va parler !... (Tournant autour du corps, à distance, et lui adressant la parole,
avec un effroi qui va croissant.) Qu'as-tu à me regarder de la
sorte ?... Ce qui est fait, est fait !... Tu l'as bien voulu !... Et
nous sommes quittes !... Tu ferais mieux à présent de te justifier devant Dieu, que de me poursuivre encore de ta haine !...
Ou si tu réclames des prières ?... Oui, tu en as trop besoin,
pour que je te refuse la charité des miennes !... Mais du
moins, que tout soit bien fini entre nous, et que ton souvenir ne vienne jamais hanter mon sommeil !... A ce prix !...
oui, je prierai !... Tu vois !... je prie déjà pour toi !... (Tout en
parlant elle a traversé la scène, au-dessus d'Orso, de droite à gauche, et
tombant à genoux sur les marches du petit autel de la Madone, elle commence à prier. — A ce moment, Orso se ranime et soupire. — Cordelia se
redresse, effrayée.) Qui se plaint ?

ORSO, se soulevant péniblement sans la voir et d'une voix mourante,
comme quelqu'un qui a le délire.

Du secours !... A moi !...

CORDELIA, se retournant et le voyant soulevé à la clarté de la lune.
Vivant !...

ORSO.

A l'aide !...

CORDELIA.

Non !... c'est le délire !... (Terrifiée.) Sainte Vierge !... va t-il
agoniser là devant moi ?...

ORSO.

Je brûle !... N'y a-t-il personne là qui m'entende !...

CORDELIA, au comble de l'épouvante, se levant péniblement pour s'enfuir.

Oh ! je ne veux pas voir cela !... c'est horrible !... A moi,
Uberta !... (Elle gagne, en chancelant, le milieu de la scène.)

ORSO.

De l'eau !...

CORDELIA, s'arrêtant, égarée.

De l'eau!... Ah! oui, la fièvre!... la soif! le sang!... C'est de l'eau qu'il veut!...

ORSO.

Par pitié!...

CORDELIA, émue.

Ah! Dieu clément!... comme il souffre!... Et c'est moi qui ai fait cela!... Quelle horreur!

ORSO, retombant avec un appel plus déchirant que les autres.

Un peu d'eau... par pitié... ou je meurs!...

CORDELIA, vivement, cherchant autour d'elle.

Oui! oui.... mais comment? (Elle voit à terre un fragment de casque qu'elle ramasse vivement.) Ah!... ceci!... (Elle puise de l'eau qu'elle lui apporte.) Attends!... courage!... Tiens! tiens! bois cela!... malheureux!... Bois vite! bois!... (Au même instant, Uberta, sortie de l'église, paraît au fond, sur les marches, sans voir Cordelia qui, à genoux près d'Orso, lui est cachée par la fontaine.)

UBERTA.

Cordelia!...

CORDELIA, effrayée.

Ah!

ORSO, dont Cordelia soulève la tête, après avoir bu, retombant épuisé.

Encore!...

CORDELIA, suivant des yeux Uberta qui traverse au fond, et se penchant sur lui pour le cacher à la nourrice, à demi-voix.

Tais-toi!... Tais-toi... si tu veux que je te sauve!... (Uberta sort par la gauche, Cordelia cachant Orso qu'elle couvre de son corps. — La toile tombe.)

FIN DU TROISIÈME ACTE.

ACTE QUATRIÈME.

PREMIER TABLEAU.

Une salle du palais Saracini. — A droite, premier plan, la fenêtre, celle dont on a vu l'extérieur au premier acte. — Au deuxième plan, pan coupé, une grande porte intérieure. — Au fond l'escalier à jour qui descend au jardin, et à gauche, premier plan, porte intérieure. — L'escalier est à demi ruiné par le feu, et s'est effondré en partie. — Partout, sur les tentures, au-dessus des portes, aux poutres, la trace de l'incendie. — Table à gauche, siéges. — Une lampe à trois branches éclaire cette grande pièce. — L'action commence à la fin de la nuit. Les jardins sont encore dans une obscurité complète.

SCÈNE PREMIÈRE.

CORDELIA, MASTINO.

(Cordelia assise près de la table, le regard tourné vers la porte de droite. Mastino entre par cette porte, et la ferme avec précaution.)

CORDELIA, se levant.

Eh bien, Mastino ?

MASTINO.

Il dort! — Et ce sommeil fera pour lui plus que tous mes remèdes!... Pour un blessé de deux jours, on ne pouvait espérer si prompte guérison!

CORDELIA.

Alors il est sauvé ?

MASTINO.

Sans aucun doute!... Un peu de faiblesse d'esprit, cette nuit encore, pour cette grande quantité de sang qu'il a perdu ; mais plus de fièvre ni de délire !

CORDELIA, *retombant assise, avec un soupir de soulagement.*

Enfin!...

MASTINO, *déposant sa lampe sur la table.*

Il faut dire aussi que cette nuit n'a pas été comme la précédente, où le bruit du combat le tenait sans cesse en éveil!... Et quand il a su de moi, ce matin, que son parti était décidément le plus fort, et que tout était fini dans la ville!...

CORDELIA.

Tout est fini, en effet,... et si bien fini pour nous, Mastino, qu'à l'heure où je vous parle, je ne sais même pas si mes frères ont survécu à leur désastre !

MASTINO, *baissant instinctivement la voix.*

Quoi, pas de leurs nouvelles?

CORDELIA.

Et comment en aurais-je, dans ce palais dévasté par le feu, et que tout le monde croit abandonné? — Tous nos serviteurs se sont enfuis le premier soir, chassés par l'incendie; aucun n'a reparu, terrifiés qu'ils sont par notre défaite !... Nous sommes là, seules, Uberta et moi, dans cette maison vide. — Personne sur cette place, où le soleil ne va, tout à l'heure, éclairer que des ruines. Partout autour de nous, les murs éventrés, les maisons fumantes et les jardins silencieux !... Si je n'avais la cloche là, de ce couvent, pour m'apprendre que les heures sonnent toujours, ce serait à me demander si je suis encore de ce monde !

MASTINO.

Sans cela, Madame, aurions-nous pu transporter ici ce malheureux,... à l'insu de tous,... même de votre nourrice?...

CORDELIA, *debout, vivement.*

D'elle surtout!...

MASTINO.

Et pourquoi ne pas l'associer à cet acte de charité?

CORDELIA, vivement.

Mastino!... pas un mot de cet homme qui est là... à personne au monde!... vous m'entendez!... mais à Uberta moins qu'à tout autre!...

MASTINO.

Il sera fait à vos souhaits, Madame!... D'ailleurs il ne tiendra qu'à notre blessé de quitter le palais à son réveil...

CORDELIA.

Ce matin?... Il le pourra?...

MASTINO.

Sans péril!

CORDELIA.

Le ciel en soit loué!... Je ne vivrai que lui parti! — Ce soin de le dérober à Uberta, de veiller sur cette porte, cette contrainte éternelle m'épuise!... et j'en suis à ma troisième nuit sans sommeil!...

MASTINO.

A votre tour, Madame, prenez quelque repos...

CORDELIA.

J'aurai le temps de me reposer au couvent de la Madone de Pise, où je compte offrir à Dieu ce qu'il me reste de cette misérable vie... quand je saurai si je dois y pleurer mes frères morts ou vivants!

MASTINO.

Dieu vous reçoive dans ce séjour de paix... Mais vous ne sortirez pas facilement de la ville!... Les portes sont fermées avec soin, car l'Empereur est campé dans la plaine!... Il y aurait péril aussi à vous hasarder par les rues, où l'on ne rencontre que bandes armées, fouillant les maisons, et poussant devant elles au *Campo* tous les malheureux qu'elles y découvrent!...

CORDELIA, effrayée.

Et parmi eux peut-être mes frères, et Lodrisio! — Et pourquoi les mener au *Campo*?...

MASTINO.

Faut-il vous le dire, hélas! Dès cette nuit Malerba, siégeant dans les ruines de la vieille Seigneurie, a lancé des décrets de proscription et de mort!...

CORDELIA, de même.

Et ce glas qui sonne?...

MASTINO.

Non! — Les bourreaux attendent qu'il soit jour!... Ce glas est celui des victimes de la bataille dont les cercueils encombrent les églises!... Et que sera-ce, grand Dieu, si la peste, cette envoyée de la colère céleste, fait, comme je le crains, son apparition dans la ville?

CORDELIA, à elle-même.

Une heure vient aussi où Dieu se lasse!...

MASTINO.

Il faut que je vous quitte, Madame. — Je reviendrai au grand jour, pour emmener notre blessé!...

CORDELIA.

Et s'il s'éveille avant... et qu'il veuille sortir?...

MASTINO.

Laissez-le faire!... et lui ouvrez les portes!

CORDELIA.

Moi?... Oh! non! non! Il ne faut pas qu'il me voie!... Et à ce propos... ne s'est-il pas inquiété du lieu où il se trouve?

MASTINO.

Il se croit dans une maison déserte!

CORDELIA.

Sans soupçon de celle-ci?

MASTINO.

Aucun!

CORDELIA.

Ni de moi?...

MASTINO.

Moins encore!... car, à ce qu'il m'a laissé comprendre dans
sa fièvre, il vous croit morte!...

CORDELIA.

C'est vrai? — Eh bien, Mastino!... qu'il garde toujours
cette croyance,... vous m'entendez?

MASTINO.

Oui, Madame.

CORDELIA.

Maintenant regagnez votre logis par le couvent.

MASTINO, rouvrant la porte de la chambre où est Orso.

Attendez-moi au jour!...

CORDELIA, prêtant l'oreille.

Des pas!

MASTINO.

On vient de ce côté!

CORDELIA, effrayée.

Uberta! — Vite, partez! (Elle ferme la porte sur lui vivement et
n'a que le temps de redescendre.)

SCÈNE II.

CORDELIA, UBERTA, puis GIUGURTA.

UBERTA, arrivant par l'escalier du jardin, essoufflée, et avec joie,
mais éteignant la voix.

Cordelia!... ton frère! (Elle montre Giugurta qui paraît au fond,
escaladant les décombres.)

CORDELIA, poussant un cri de joie.

Giugurta! (Elle se jette dans les bras de Giugurta, qui est dans le plus
grand désordre, sa cotte de maille trouée, ses cheveux collés aux tempes.)
Enfin!... pas blessé... rien?... rien?

GIUGURTA.

Rien!

CORDELIA, effrayée.

Et seule? — Ercole?...

GIUGURTA, vivement.

En sûreté,... il a pu franchir le rempart!... (Uberta, pendant ce temps, a fermé la tenture de la fenêtre.)

CORDELIA.

Ah! bien! bien!... Et Lodrisio?

GIUGURTA.

Mort!... (Mouvement d'Uberta.)

CORDELIA, joignant les mains.

Dieu!... Ah! Dieu! (Silence d'une seconde.)

GIUGURTA.

Ah! Ne le plains pas, va! — Il est plus heureux que moi!...

UBERTA.

Pourvu que nul ne t'ait vu!...

GIUGURTA, ôtant ses gantelets et son poignard qu'il pose sur la table, avec son manteau.

Ah! je ne sais!.., J'ai passé la nuit chez les Sozzini!... et j'ai profité pour venir, par les ruelles écartées, de l'heure où ils sont tous au *Campo,* à se partager nos dépouilles!...

CORDELIA.

Repose-toi!...

GIUGURTA, assis, la tête dans ses mains.

Battu!... Traqué par cette vile canaille!... Moi, Giugurta!... Des corroyeurs! des bouchers, des peigneurs de laine!... Ah! cet Orso!... (Mouvement de Cordelia.) que j'ai cherché en vain dans la bataille!... Le tenir là! de ces deux mains,... et lui faire saigner tout son sang... goutte à goutte!...

UBERTA.

C'est fait!

GIUGURTA

C'est fait?

UBERTA.

L'Orso qui a pris ta ville, Giugurta!... l'Orso (Montrant Cordelia.) qui l'a outragée!... l'Orso qui m'a tué mon fils!... — Ta sœur nous en a vengés tous les trois,... en le poignardant!...

GIUGURTA, avec joie à Cordelia.

Toi?... (Cordelia, toute à son anxiété, incline faiblement la tête, sans pouvoir dire un mot.)

UBERTA.

Et seule! — Embrasse-la, va!... elle est digne de toi! Et c'est une vraie Saracini, celle qui l'a tué de la sorte!...

CORDELIA, révoltée malgré elle, et vivement.

Blessé seulement, blessé!...

UBERTA.

Mais à mort!... n'en doute pas, Giugurta!... quoiqu'ils nous aient enlevé son corps!...

GIUGURTA, prenant la main de sa sœur.

O digne fille de ma race,... donne cette main que je la presse sur mes lèvres!...

CORDELIA, retirant sa main.

Ne parlons plus de cela, et laissons ce malheureux en paix!...

GIUGURTA.

Bien! s'il est mort!... Car s'il n'est que blessé, comme tu le dis!...

CORDELIA, vivement.

Eh! blessé aussi,... qu'importe à présent?...

UBERTA, surprise.

Qu'importe? Parler ainsi,... après ce que tu as fait!...

CORDELIA.

Mon Dieu! j'ai fait ce que j'ai fait... le ciel a fait le reste! S'il l'a sauvé, c'est qu'il l'a jugé digne de pardon!... (A son frère avec anxiété.) Tu ne l'achèverais pas, toi-même, à terre, et blessé, n'est-ce pas?...

GIUGURTA.

Juste Dieu! avec ivresse!...

CORDELIA.

Oh!... oh! ne dis pas cela, Giugurta!... C'est atroce! Un homme sans défense?...

GIUGURTA.

Ton déshonneur est le mien!

CORDELIA.

Un chrétien, après tout!

GIUGURTA.

Un ennemi!

CORDELIA.

Désarmé?... endormi?

GIUGURTA.

Plût à Dieu!... Pour l'étrangler sans confession!...

CORDELIA.

O Dieu!... Enfin!... tout cela, n'est-ce pas?... nous disons là des choses bien inutiles!... Vivant ou mort, qu'il reste où il est!... Et ne pensons qu'à ton salut!...

UBERTA.

Oui!

CORDELIA.

Tu vas bien quitter cette horrible ville?...

GIUGURTA.

Tout à l'heure!... par la porte Ovile, qu'un homme gagné doit nous ouvrir!

CORDELIA.

Et qu'attends-tu donc pour cela?

GIUGURTA.

L'heure où cet homme sera de garde!... D'ailleurs le jour est encore loin, et je ne puis songer à fuir avec ces vêtements.

UBERTA.

Sans doute.

CORDELIA.

Et tu quitteras ce logis?

GIUGURTA.

Oh!... plus par ces ruelles dangereuses...

CORDELIA, inquiète.

Et par où donc?

GIUGURTA, remontant.

Par un chemin plus sûr!... Les jardins du couvent!...
Par là!... (Il désigne la porte de la chambre où est Orso.)

CORDELIA, épouvantée.

Par là?...

GIUGURTA, se dirigeant vers la porte.

Oui, l'escalier...

CORDELIA, s'élançant devant la porte.

Arrête!... et n'ouvre pas cette porte!...

GIUGURTA.

Pourquoi?

CORDELIA, dans le plus grand trouble, balbutiant, en cherchant
ses raisons.

On te verrait!... Il n'y a plus là que le vide!... Tout s'est
écroulé derrière!...

UBERTA, surprise.

Comment?...

GIUGURTA.

Alors il faudra bien... (Rumeurs et sons de trompettes dans la rue.)
Silence!... Écoutez! (La fenêtre s'éclaire subitement de la lueur des
torches portées dans la rue; cette lumière toute rouge se projette sur une
partie de la chambre; Uberta soulève la draperie pour écouter; Cordelia, au
milieu, plus haut, prête aussi l'oreille, gardant toujours la porte d'Orso;
Giugurta à gauche couvre la lumière. Silence.)

UN HÉRAUT, dans la rue.

Gens de Sienne! — le tribunal du peuple vous fait savoir
qu'il a décrété de mort les traîtres Giugurta et Ercole

6

Saracini, lesquels sont en fuite!... Et que celui-là qui les li-
vrera, recevra cinq cents florins pour salaire!

CORDELIA, à elle-même.

Ah! Seigneur!

LA FOULE.

Vive Guelfes! Mort aux Gibelins!... (Trompettes, les lumières
et les clameurs s'éloignent.)

GIUGURTA, courant aussi à la fenêtre.

Bandits! (Il regarde en soulevant la tapisserie et disparaît en partie.)

UBERTA, courant à lui.

Prends garde!

CORDELIA, seule, à elle-même.

Ah! Dieu... mon Dieu!... Lui fermer ce passage en ce
moment... Mais qu'il achève l'autre!... n'est-ce pas
effroyable aussi!... Mon Dieu! éclaire-moi! inspire-moi! que
veux-tu que je fasse? (On entend tout au loin la voix du héraut qui
s'éloigne.)

GIUGURTA, redescendant et traversant la scène.

Allons!... il n'y a plus de temps à perdre, d'autres vêtements,... puis la fuite! (Uberta reparaît.)

CORDELIA, montrant l'escalier.

Par ce chemin?...

GIUGURTA.

Sans doute!...

CORDELIA.

Le plus dangereux!...

GIUGURTA.

Puisque je n'en ai plus d'autre!... (Il sort par la gauche, la porte
reste ouverte.)

SCÈNE III.

CORDELIA, UBERTA.

(Dès que Giugurta est sorti, Uberta quitte la fenêtre, et remonte, regardant Cordelia d'un air singulier; celle-ci tressaille sous ce regard, et, la regardant de même, descend en gardant la porte d'Orso.)

UBERTA, après un silence.

Cordelia!... pourquoi dis-tu à ton frère que tout s'est écroulé derrière cette porte?

CORDELIA, troublée.

Moi!... j'ai dit!...

UBERTA, de même.

Tu dis qu'il n'y a que le vide!... Et c'est faux!... tu le sais bien!...

CORDELIA.

Oublies-tu à qui tu parles, et te dois-je compte de mes actes?

UBERTA.

Oui, quand tu mens! — Pourquoi mens-tu?

CORDELIA.

Uberta!

UBERTA.

Enfin tu mens! — Il y a là une chambre... (Mouvement de Cordelia.) dont tu nous interdis l'entrée! — Qu'y a-t-il dans cette chambre?

CORDELIA.

Et qu'y aurait-il?

UBERTA.

Je te le demande!

CORDELIA.

Et s'il ne me plaît pas de te le dire!

UBERTA.

Tu le diras donc à ton frère! (Mouvement vers la porte de gauche.)

CORDELIA.

Nourrice!...

UBERTA, se retournant, et avec une force croissante.

Cordelia, il y a là quelqu'un!...

CORDELIA, protestant.

Oh!...

UBERTA.

Quelqu'un que tu nous caches!...

CORDELIA.

Perds-tu l'esprit à me parler de la sorte?

UBERTA.

Tu le perds plus que moi,... si c'est celui que je suppose!

CORDELIA.

Et qui donc?...

UBERTA.

Et quel autre que l'homme qui t'inspirait tout à l'heure une étrange pitié?...

CORDELIA.

Orso?...

UBERTA.

Tu l'as nommé!...

CORDELIA.

Tu peux croire!...

UBERTA, sur le seuil.

Si ce n'est pas lui, ouvre alors! ouvre!

CORDELIA, de même.

Non!...

Alors, ton frère!... (Elle va pour se diriger vers la porte de gauche.) Giugurta!

CORDELIA, bondissant devant elle pour l'en empêcher.[1]

Malheureuse! — pour qu'il le tue!

UBERTA, éclatant.

C'est Orso! — Nie-le donc maintenant!...

CORDELIA.

Eh bien, oui!... c'est lui! — Mais au nom du ciel!... tais-toi!...

UBERTA.

Sauvé par toi!... lui! — O misérable fille!...ramasser dans la rue l'ennemi de ta race, le bourreau de mon fils!... l'assassin de ton honneur!... et lui donner asile chez toi!... à deux pas de cette chambre, où il...

CORDELIA, cherchant à la prendre dans ses bras.

Uberta!...

UBERTA, se dégageant.

Et voilà ton œuvre!... maudite!...

CORDELIA tombe sur le siége près de la table.

Ah!... toi-même!... si tu l'avais vu comme moi... torturé par la soif!...

UBERTA.

Il fallait donc prévoir ces subites faiblesses,... cœur débile!... et ne pas m'arracher le poignard des mains!... J'aurais fait ma besogne, moi-même,... en mère implacable, moi!... et non pas en fille indulgente à l'outrage!...

CORDELIA.

Écoute-moi seulement, et...

UBERTA, sans l'entendre.

Ah! tu prends à ton compte la vengeance commune... et voilà comme tu l'exerces! — Et tu n'as pas conscience, parjure, que ta pitié pour cet homme est un crime envers moi?...

1. Cordelia, Uberta.

C.

CORDELIA.

Un crime!...

UBERTA, hors d'elle-même.

Cette complice qui m'arrête le bras, me désarme,... à qui je me fie!... et qui fait grâce, comme cela!... Et qui ne se dit pas un instant qu'elle me doit ma part de cet homme; et qu'elle n'a pas le droit de me voler sa mort!

CORDELIA.

Ah! que le Ciel ne t'entende pas!

UBERTA.

Qu'il m'entende!... et Giugurta aussi!... et qu'il sache bien que tu ne hasardes le salut de ton frère... que pour mieux assurer celui de ton amant!... (Appelant.) Giugurta!

CORDELIA, entre Uberta et la porte de Giugurta.

Quand Dieu l'a sauvé!

UBERTA, folle.

L'assassin de mon fils est là... je veux l'assassin de mon fils!... Voilà tout!... Giugurta!...

CORDELIA, s'accrochant à elle. [1]

Par pitié!

UBERTA, la repoussant et passant malgré elle.

Mon fils n'en veut pas de ta pitié!... Il m'appelle et me crie : « Mère, venge-moi! »

CORDELIA, même jeu.

Non! non!

UBERTA, voulant se dégager et violemment.

Si! — Je l'entends!...

CORDELIA, la retenant avec force et se cramponnant à elle.

Écoute-le donc!... mais écoute-le bien!... Non! non!... il ne te crie pas :... « Le sang pour le sang!... » car il était généreux et bon, et Dieu lui a fait place en cette éternité

____

1. Uberta, Cordelia.

bienheureuse... où l'on ne connaît que le pardon pour châtiment... et que le bienfait pour vengeance !...

UBERTA, luttant contre elle-même.

Mon pauvre enfant !... si beau !... si jeune !... qu'il m'a
tué ! — Je ne le vengerais pas !...

CORDELIA.

Non !... non !... car... il te répond :... « Il me fait horreur,
ma mère, ce sanglant sacrifice que tu m'offres !... C'est le
culte des réprouvés !... mais, moi... moi, je suis un ange !...
Honore-moi... comme un ange... par la charité !... (Mouvement
d'Uberta. — Cordelia, la voyant émue, poursuit en tombant à ses genoux.)
Sauve ce malheureux. Fais cela pour moi, ô ma mère, ce
pardon !... je l'attends, je l'appelle !... je l'implore ! et cette
clémence ira droit de ton cœur au mien, comme la plus
tendre et la meilleure de tes caresses maternelles !... »

UBERTA, dont la colère est apaisée, tombant assise et fondant
en larmes.

O mon Andreino !... mon trésor !... mon amour !... ma
vie !... C'est donc vrai... jamais plus je ne te reverrai...
jamais ! jamais...

CORDELIA, à genoux près d'elle.

Oui ! oui ! tu le reverras un jour ! mais si tu es du même
ciel que lui, et si tu sais pardonner comme il pardonne !

UBERTA, après un silence, relevant sa figure toute baignée de larmes,
et serrant Cordelia contre son cœur, en lui fermant la bouche.

Tais-toi !... voici ton frère !... (Elle reste assise, comme absorbée
dans sa douleur.)

SCÈNE IV.

LES MÊMES, GIUGURTA.

GIUGURTA.

Allons !... maintenant !... (Il reprend son manteau.)

CORDELIA, inquiète, vivement.

Tu pars?

GIUGURTA.

Oui!...

CORDELIA, effrayée.

Et par ce chemin!... Ah! Giugurta, si tu voulais!... pourtant!... Si tu voulais!...

GIUGURTA, surpris.

Quoi?...

CORDELIA, prête à lui indiquer la porte d'Orso.

Un autre chemin peut-être!...

UBERTA, résolue et se levant, avec autorité.

Non, il n'y en a pas d'autre, ma fille!... (Prenant la lampe.) Viens, Giugurta, voici ta route... et pour ta sûreté, c'est moi qui marcherai devant toi!...

GIUGURTA, à Cordelia, en l'embrassant.

Adieu!... (Il va pour s'engager sur l'escalier.)

CORDELIA, vivement, le retenant.

Attends!... (Uberta et Giugurta s'arrêtent. — A Uberta.) Il le faut bien... n'est-ce pas?...

UBERTA, séparant leurs mains.

Oui, ma fille!... Il le faut!... (A Giugurta.) Viens!

CORDELIA, à Giugurta, tandis qu'il disparaît.

Que Dieu veille sur toi!... (Seule, épuisée.) et qu'il juge si je fais ou non mon devoir... Moi je ne sais plus!... (Elle les suit des yeux, appuyée contre la colonne de l'escalier.)

SCÈNE V.

CORDELIA, ORSO.

(Tandis que Cordelia, du haut de l'escalier, suit des yeux son frère dans le jardin, la porte de droite s'ouvre et Orso paraît, tout pâle et sans armes.

— Il reste d'abord sur le seuil, embrassant la pièce d'un coup d'œil comme un homme qui veut se rendre compte de l'endroit où il est, et ne voit pas Cordelia à moitié disparue sur l'escalier. — Puis il descend regardant toujours autour de lui !... avec une surprise croissante, quand il reconnaît la chambre.)

ORSO.

Cette chambre?... Oui !... Cette fenêtre ! (Il y va.) C'est elle !... le palais Saracini !... Comment suis-je dans cette maison?... (Il se retourne et aperçoit alors Cordelia qui redescend à gauche; le petit jour commence à paraître au fond, et pendant la scène, la lumière va croissant jusqu'au jour complet.) Cordelia !

CORDELIA.

Lui !... (Par un sentiment naturel de répulsion, elle passe vivement à gauche, séparée de lui par la table et le siége.)

ORSO.

Cordelia qu'on disait morte !... Es-tu son ombre?...

CORDELIA, même sentiment de révolte naturelle.

Son ombre t'aurait déjà fui !...

ORSO, allant à elle.

Vivante !... (Il s'arrête à mi-chemin, frappé d'une idée subite.) Grand Dieu ! cette femme dans le cloître, avec Uberta?... Celle qui m'a frappé?...

CORDELIA, à la même place, et de même.

C'est moi !...

ORSO.

Bien pour cela ! — C'était vengeance !... et de toi à moi, je l'accepte !... Mais comment suis-je dans ta propre demeure?... et qui m'y a conduit?...

CORDELIA.

Peu importe !...

ORSO, allant jusqu'à la table, qui seule le sépare de Cordelia, et regardant celle-ci avec attention.

Et cette autre femme que j'entrevois dans mon délire, penchée sur moi... me donnant à boire?... qui est encore cette femme-là?...

CORDELIA.

Tu es sauvé!... ne demande rien de plus, et quitte ce
logis!... (Elle va pour sortir par la porte de gauche.)

ORSO.

Pas sans savoir à qui je dois mon salut!

CORDELIA.

A Dieu... (Fausse sortie.)

ORSO.

Et à toi?... Non! n'est-ce pas?... Dis-moi bien que cela
n'est pas!... Je ne veux pas de ton bienfait, entends-tu! Je
ne veux rien,... rien te devoir!...

CORDELIA, s'oubliant.

Et qui te demande rien pour cela?... Va-t-en donc!...

ORSO, terrifié.

C'est toi!... (Mouvement de Cordelia pour nier. Lui coupant la parole,
avec force.) Ne mens pas!... C'est toi!... (Moment de silence. Il
se couvre la figure de ses mains, puis d'une voix sourde, entrecoupée, et
luttant contre l'humiliation et l'émotion qui le gagnent.) Ainsi!... tu
m'as fait grâce!... Je t'ai fait pitié!... pitié, moi, après ce
que!... Mais t'ai-je implorée?... et si je l'ai fait, dans ma
fièvre, devais-tu croire à l'appel d'un homme en délire?...
Ah! il fallait plutôt m'achever, c'était là ton devoir, au lieu de
m'accabler ainsi de ta clémence!... Le poignard entre nous...
oui!... (Avec une émotion croissante plus forte que lui.) Mais le pardon!... le secours!... le salut! Juste Dieu! quel châtiment de
mon crime!... Et quel remords de toute ma vie!... (Vaincu
par son émotion.) Ah! cœur de femme!...c'est pourtant sublime
ce que tu as fait là!... et il faut bien tomber à tes pieds,
écrasé de douleur et de honte!...

CORDELIA.

Que ces larmes te soient comptées au jour du jugement!...
Et si tu as vraiment quelque repentir?..

ORSO.

Oh! grand Dieu!... si j'en ai!...

CORDELIA.

Eh bien, dérobe-moi ta vue, qui m'est un supplice!

ORSO, humblement.

Hâte-toi donc de me dire ce que tu attends de moi!...

CORDELIA.

Que tu partes!

ORSO.

Sans racheter ma faute?

CORDELIA.

Là où je vais, c'est l'affaire de Dieu!

ORSO, debout.

Le couvent?

CORDELIA.

Oui!...

ORSO, vivement.

Tu mourras à ce monde, parce qu'il s'est trouvé sur ta route un misérable tel que moi?...

CORDELIA.

Et que ferais-je de ma vie, après ton crime?

ORSO.

Et à quoi bon la mienne,... sinon à le réparer?...

CORDELIA, avec douleur.

Le réparer?

ORSO.

Cet honneur que je t'ai pris, n'est-ce pas à moi... et à moi seul, de te le rendre?...

CORDELIA.

Ta femme?...

ORSO.

Dis celle du vainqueur, du maître de la ville... à présent ton égal!...

CORDELIA.

Moi?... Ta femme?

ORSO.

Avant une heure!...

CORDELIA, avec douleur.

Et sans amour!... Insensé!... Ce n'est pas réparer, c'est éterniser l'outrage!...

ORSO.

Et crois-tu donc que le remords seul me jette à tes pieds?... Ah! Cordelia!... C'est mon cœur tout entier, je te le jure, et tout mon amour, que je te donne!...

CORDELIA.

Va-t-en! va!... C'est fini, je suis morte à ce monde!...

ORSO, devant elle pour l'empêcher de sortir.

Pas encore!

CORDELIA.

Je me suis donnée à Dieu!... Je suis à Dieu!...

ORSO.

Non! — Tu n'es pas à Dieu!... car avant d'être à lui, tu es à moi!

CORDELIA.

Oh!

ORSO, avec violence.

Et par un lien que tu peux détester et maudire!... Mais brise-le donc!...

CORDELIA, redescendant, révoltée.

Ah! le lâche qui ose invoquer!...

ORSO, avec une passion ardente.

Je te réclame!... Je te veux!... et je te prends!

CORDELIA, révoltée.

Ah! je te hais!...

ORSO, ardemment.

Et moi, je t'aime!

CORDELIA, saisissant sur la table le poignard laissé par son frère.

N'approche pas!... Je te tue!...

ORSO, s'offrant au coup.

Fais-le donc!... Tu ne seras jamais que la veuve d'Orso!...

CORDELIA, jetant l'arme.

Ah! malheureux!... Tu sais bien que je ne veux plus ta
mort!

ORSO, avec passion.

Accepte donc toute ma vie!... et ne me force pas à maudire ta pitié, qui ne m'a sauvé d'une prompte agonie que
pour me vouer à des remords éternels!... Ou tue-moi tout
à fait... ou sauve-moi sans réserve!... mais rien à demi!...
Et ne te glorifie pas d'une clémence qui ne m'apprend à
quel point je suis coupable, que pour me refuser le seul moyen
que j'aie de ne plus l'être!...

CORDELIA.

Et ne l'es-tu qu'envers moi, coupable? — Et ta Patrie,
Guelfe, qu'en as-tu fait?... (Allant à la fenêtre.) Vois ces lueurs!
Écoute!... C'est ton armée qui se réveille! — Oses-tu bien
m'offrir ta main pleine de sang, quand les miens sont tra-
qués par les rues!... Quand tu les proscris!... Quand tu
les égorges!

ORSO.

Ah! cette guerre impie, et qui m'a fait si coupable envers
toi!... crois-tu donc que je ne l'exècre pas, autant et plus
que toi-même?...

CORDELIA.

Vaines paroles!

ORSO.

Je la maudis!... te dis-je!... Et je la pleure!... Car elle
est ton œuvre et la mienne!...

CORDELIA.

Ne dis pas cela!...

ORSO, à la fenêtre.

C'est nous!... Toi de cette fenêtre!... Moi de cette
place,... qui en avons donné l'affreux signal?...

CORDELIA, avec douleur.

C'est vrai!...

ORSO.

Eh bien!... ce que notre haine a fait!...Cordelia!... veux-tu que notre amour le répare?...

CORDELIA, avec joie.

Orso!...

ORSO.

Et ces clameurs..., je les apaise!... Ces flammes!... Je les éteins!... Ces massacres, je les arrête.

CORDELIA, de même.

Ah! oui! oui!...

ORSO.

Et cette ville... comme toi, conquise, outragée, par moi!... comme toi, je l'arrache au désespoir!... Et, comme toi, je la relève!...

CORDELIA.

Tu oseras?...

ORSO.

Sauver tout un peuple en ton honneur!... J'y cours!...

CORDELIA.

Ah! si tu fais cela!...

ORSO.

Au péril de ma vie!... Et meure à jamais l'Orso que tu méprises!... Vainqueur des siens et conquérant de sa Patrie!... Tu ne me reverras que triomphant de la discorde et vainqueur de la haine!...

CORDELIA, avec élan.

Ah! fais cela, fais-le!... et...

ORSO, l'interrompant et tombant à ses pieds.

Ne promets rien, et laisse-moi gagner mon pardon!...

CORDELIA.

Eh bien! va donc! va! — Je rougis de toi! — Fais que je m'en glorifie! — Tu n'es qu'un bandit. — Sois un héros!... Et reviens après, si tu veux, me parler de ton amour!...

ORSO.

Et, si je succombe ?...

CORDELIA.

Mort ou vivant !... je t'ai déjà pardonné !

ORSO.

Courage donc, mon cœur ! — Et va livrer le plus beau des combats, Orso !... Va combattre la Guerre ! (Il s'élance dehors. — Rumeurs dans la rue :) *A mort ! Giugurta !*

CORDELIA, effrayée.

Grand Dieu !... Ces cris !...

UBERTA, paraissant au fond, effarée.

Cordelia !... Ton frère est pris !... (Cordelia pousse un cri terrible et court à la fenêtre. — La toile tombe.)

DEUXIÈME TABLEAU.

Les ruines du bâtiment de la vieille Seigneurie. — Colonnes, portiques rompus par l'incendie... — Au fond, large escalier qui monte au milieu des décombres. — Et au loin le Campo et le Campanile. A gauche, la tribune, et plus haut, réunie à elle par trois marches, la place du Conseil, le tout en ruines. — Il fait grand jour et grand soleil. — Des tas d'armes, saisies aux Gibelins, sont amassés au pied de la tribune, et sur la droite. — Au lever du rideau, le peuple est en scène, armé, prêt au massacre des prisonniers. — Ceux-ci divisés en deux groupes, l'un à gauche, l'autre à droite, premier plan, tous avec des chaînes. — Au milieu, le bourreau et ses aides, la hache à la main. — Sur toutes les ruines, des Guelfes en armes... — Sur l'estrade de pierre où siége le Conseil, Malerba, Splendiano, Ugone, sur des siéges de pierre : au-dessus d'eux le gonfalon guelfe accroché à une colonne. — On entend au loin les chants d'église d'une procession qui s'avance.

SCÈNE PREMIÈRE.

MALERBA, SPLENDIANO, UGONE, BUONO-CORSO, ZANINO, SCARLONE, GIUGURTA, enchaîné et gardé à vue au pied du tribunal, etc. — Parmi les prisonniers : TOLOMEI, MALAVOLTI, SOZZINI. — Prisonniers Gibelins, Soldats Guelfes, Peuple, Femmes et Enfants.

MALERBA, debout, sur l'estrade du Tribunal.

Peuple de Sienne!... Tous ces captifs condamnés à mort, vont subir leur supplice devant toi! — Et le premier de tous, Giugurta, qui vient d'être arrêté comme il cherchait à fuir!

TOUS.

Oui! oui! — A mort!...

MALERBA.

Mais avant de régler ton compte avec les hommes, sois en

règle avec Dieu ! — La peste est à Florence ! elle est à Pise !... elle est dans l'armée Impériale qui nous assiége !... (Murmures d'effroi.) Elle peut à tout moment éclater parmi nous : et c'est pour invoquer la miséricorde céleste que le saint Évêque vient à nous, portant les reliques dans la ville !... (Les chants se rapprochent.) Outre les prières à Dieu, vois si tu approuves les mesures que nous avons prises pour le salut commun ?

TOUS.

Écoutez !...

MALERBA.

Les Gardiens de la Santé brûleront, à tous les carrefours, les vêtements des morts.

LE PEUPLE.

Oui !

MALERBA.

Toutes les fontaines seront gardées, de peur que les Gibelins ne les empoisonnent !

TOUS.

Bien !

MALERBA.

Enfin, pour étouffer le fléau dans son germe, les premiers atteints de la contagion seront isolés dans leur demeure : toutes portes murées, avec des remèdes et des vivres : et rayés du nombre des vivants, jusqu'à leur mort ou guérison !

TOUS.

Bien ! bien !

VOIX, du fond, puis à l'avant-scène, de femmes d'abord, puis de tous.

La procession, la procession !

MALERBA.

A genoux, donc ! — Et prions Dieu de nous épargner cet horrible fléau ! (Tous se mettent à genoux. — La procession paraît au fond et passe sur les ruines, l'Évêque suivant les reliques.)

LA FOULE, se relevant dès qu'elle a disparu.

A mort les prisonniers !... à mort !

MALERBA.

Pas encore! (Murmure d'impatience.) Vous avez d'abord à savoir ce que César exige.

TOUS, avec anxiété.

Parle!

MALERBA.

L'Empereur Charles offre de lever le siége de la ville et de rentrer sur le territoire de l'Église!...

TOUS, avec satisfaction.

Ah!

MALERBA.

Mais, comme votre Seigneur suzerain, et à titre de redevance, tribut de sujets à leur Roi, il exige la somme de cinquante mille florins d'or! — Es-tu d'avis, Peuple, qu'on les lui donne?

TOUS.

Oui, oui, donne-les! Et les prisonniers! les prisonniers!...

MALERBA.

Il sera fait à ton gré! — Maintenant aux captifs! (Montrant Giugurta aux bourreaux.) Bourreaux!... à votre office!... et commencez par lui!

TOUS.

Oui! oui! (Cris au fond : ARRÊTEZ! ARRÊTEZ!... ORSO! ORSO! VIVAT!)

SCÈNE II.

LES MÊMES, ORSO.

(Orso paraît au fond sur les marches, fendant la foule qui pousse à sa vue une immense exclamation de joie.)

LA FOULE.

Gloire à Orso!... (Les chefs du peuple se lèvent, tandis qu'Orso descend les marches, vivement, au milieu de tous les bonnets et de toutes les armes qui s'agitent. — Il a son épée.)

MALERBA.

Sois le bienvenu, Libérateur !... (Tandis qu'il descend les marches.) Tout le peuple salue en toi le héros qu'il croyait mort. Loué soit Dieu qui t'a sauvé ! (Orso, sans rien dire, regarde les prisonniers, Giugurta et les bourreaux.)

SPLENDIANO.

Incertains de ton sort, nous avons laissé ta place vide à nos côtés !... Et nous n'avons pas d'autre capitaine du Peuple que toi ?

TOUS.

Non ! non ! — Gloire et longue vie à Orso !...

ORSO.

Voilà pour ta reconnaissance, ô Peuple ! — A mon tour de te prouver la mienne !... (Il monte sur les ruines de la tribune.)

MALERBA.

Parle !... Orso !

UGONE.

Le Peuple est avec toi, et t'écoute ! (Cris. — Silence ! écoutez !)

ORSO.

Donc, Siennois, à ce que j'apprends, l'empereur Charles nous assiége ?

TOUS.

Oui !

ORSO.

Et il vous demande cinquante mille florins pour son départ ?

TOUS.

Oui !...

ORSO.

Eh bien, je propose, moi, de lui en demander soixante mille pour le laisser partir en paix ! (Murmure de stupéfaction dans la foule.)

MALERBA.

Orso, y penses-tu ?... Ta valeur t'abuse !...

SPLENDIANO.

L'armée de César est double de la nôtre, et grossit encore
à toute heure !

MALERBA.

Nous ne sommes pas en force dans la ville !...

TOUS.

Non !... non !...

ORSO.

Il est pourtant un moyen de nous voir aussi nombreux
dans Sienne qu'on l'est dans l'armée Impériale !

TOUS.

Dis-le donc !...

ORSO.

C'est que la moitié de la ville veuille bien cesser d'égorger
l'autre !... (Mouvement de stupeur.)

SPLENDIANO.

Épargner les proscrits ?...

MALERBA.

C'est toi qui parles ?...

SPLENDIANO.

Toi, leur vainqueur !...

MALERBA.

Toi, qui les hais autant que nous !

ORSO.

Parle pour toi, Malerba !... Non ! je ne les hais plus !... (Il
est interrompu par un cri de déception plus accentué encore et reprend :) Et
quand je vois César menaçant dans la plaine !... ma haine
franchit les murs... et va droit à César !

MALERBA.

Nous le détestons autant que toi !... (Rumeurs. — Oui ! oui !) Mais
il est le maître !... Il faut bien le payer pour qu'il parte !...

ORSO.

Assurément, ô Peuple, si tu ne sais, à l'heure où son armée
grossit, que grossir, toi.... le nombre de tes morts !...

MALERBA.

Dis d'exterminer à jamais l'ennemi du dedans, pire que celui du dehors!...

LA FOULE.

Oui!...

ORSO.

Parole infâme!... et que je dénonce à la colère de Dieu!. . (Silence.) Non! Malerba; celui qui a lutté contre nous pour une cause qu'il pouvait croire celle de la Cité... n'est pas un pire ennemi pour elle que ce Roi qui ne songe qu'à la détruire!... Et je ne connais plus d'ennemis de Sienne, dans Sienne,... quand je vois à sa porte, l'être hideux devant qui doit cesser toute querelle de famille!... l'Étranger!... (Mouvements divers. — C'est vrai! Non! écoutez! — Orso se retourne vers la foule.) Non!... ton ennemi, Peuple! ce n'est pas (Montrant les captifs.) ce parti terrassé, né des mêmes entrailles que toi et nourri à la même mamelle!... C'est ce tyran venu pour nous rançonner, qui se donne le régal de nos divisions, les soudoie, les attise, s'en amuse... rôde autour de nos murs, prêt à y pénétrer par la brèche de nos discordes, et n'attend, pour franchir notre fossé, que l'heure où nous l'aurons comblé nous-mêmes de nos cadavres! — C'est ce détrousseur des libertés italiennes, qui compte les minutes de notre agonie, et se dit : « Ce peuple n'en a vraiment plus pour longtemps à vivre... puisqu'il en est à ce point de délire où le moribond élargit lui-même sa blessure!... » (Mouvement.) Ah! celui-là, oui, maudis-le!... exècre-le!... écrase-le si tu peux! — Tourne vers lui tout ce que tu as de rancunes, de colère et de haine!... Car le voilà, l'ennemi!... le vrai!... le seul!... Et de tout ce qui est crime entre nous... il n'est rien qui ne soit vertu contre lui!... (Mouvements divers. — Silence! écoutez!)

MALERBA, violemment.

Et que veux-tu donc enfin?

ORSO.

Je veux... Peuple!... je veux que tu ne le renvoies pas

avec ton or ! — Je veux que tu le chasses avec ton fer !...
(Protestations, les répliques se croisent vivement avec colère.)

LES CHEFS GUELFES.

Et où est-il, notre fer ?...

D'AUTRES.

Où sont nos lances ?...

SPLENDIANO.

Nos alliés ?...

D'AUTRES.

As-tu des renforts ?...

ORSO.

Oui ! j'ai des renforts... oui, j'ai des alliés !... (Mouvement de surprise, il continue :) Oui !...j'ai des soldats, prêts à me suivre !...

TOUS.

Quels soldats ?

ORSO, avec force.

Les cinq mille proscrits de la ville !... (Il montre les prisonniers.) et ceux-ci d'abord, les plus braves !... (Orage de protestations furieuses.)

LE PEUPLE.

Les captifs ?... les Gibelins ?... Horreur !... (Tous lui montrent le poing, le menacent de leurs armes, l'insultent, vociférant à la fois.) Honte sur toi, Orso ! honte !

MALERBA.

Est-ce une Gibeline qui t'a sauvé ?...

SPLENDIANO.

Retourne aux enfers... d'où tu sors !...

TOUS, envahissant la tribune et le menaçant.

Va-t-en, traître, va-t-en !

ORSO.

Rugis, peuple !... Celui-là ne t'a jamais aimé qui ne te dit pas la vérité, au mépris de tes fureurs !...

MALERBA.

Arrête, Orso !... Le Tribunal du Peuple a décrété que celui-là qui tenterait d'arracher un Gibelin au supplice en serait puni par l'exil!...

TOUS.

Oui, s'il parle!... l'exil! l'exil!...

ORSO.

Va pour l'exil!... et puisque c'est la rançon de ma parole, je continue. (Rumeurs. — Il en profite pour reprendre avec plus de force, montrant les captifs.) Oui! Peuple, les voilà tes alliés... prêts à oublier leur défaite, si tu sais oublier ta victoire!... Sauve-les... tu es vainqueur et tu es libre!... Égorge-les... tu payes tribut et tu es esclave!... Choisis donc, de périr avec eux... ou de les sauver avec toi!... Et s'il en est un seul, parmi vous, qui préfère la joie de leur massacre à celle de notre délivrance... que celui-là se lève donc, pour me le dire en face! (Se retournant brusquement vers le Tribunal, et franchissant les marchès qui réunissent la tribune à l'estrade.) Toi, le premier, Tribunal du Peuple... je t'en défie! (Tout le Tribunal se lève exaspéré. — Stupeur.)

MALERBA, furieux.

Pas un mot de plus, insensé!... ou cette fois, ce n'est plus l'exil, c'est la mort!...

ORSO, debout sur l'estrade du tribunal, jetant son épée à terre.

Dresse donc ton échafaud!... et laisse-moi parler, tandis qu'on le dresse!... (Murmure d'admiration dans la foule, les gens prêts à l'arrêter, intimidés, s'arrêtent, et il reprend avec plus de force:) Au nom de la Mère-Patrie et des Ancêtres!... peuple Siennois, je t'adjure de me donner ces captifs!... que je les mène au combat!... Du sang de tes soldats, je puis te faire une victoire!... Du sang de tes victimes, tu ne feras jamais qu'un forfait!...

VOIX NOMBREUSES, dans la foule.

C'est vrai!...

ORSO.

Donne-les-moi!... Chaque mort que tu me cèdes... est un fils que je te rends!... Et ce que tes bourreaux y perdent... c'est la Patrie tout entière qui le gagne!...

VOIX, plus nombreuses.

Oui! oui, il a raison!... Vive Orso!

ORSO.

Siennois!... Sont-ils à moi, comme un bataillon sacré voué
à la mort?...

PRESQUE TOUT LE PEUPLE.

Prends-les!...

ORSO.

Brisez donc leurs chaînes et leur donnez des armes!...

TOUT LE PEUPLE, se précipitant pour délivrer les captifs.

Oui! oui!... en liberté les captifs!... Vive Orso!...

LES CAPTIFS, s'armant.

Vive Orso!

ORSO.

Et au combat, les proscrits!... seuls avec moi!...

LA FOULE.

Nous aussi!... Tous! tous, avec toi!... Tous!

ORSO.

Oui, s'il n'y a plus ici ni Guelfes, ni Gibelins?...

TOUS.

Non!

ORSO.

Ni riches, ni pauvres, ni patriciens, ni artisans?...

TOUS.

Non! non!

ORSO.

Mais seulement un Peuple libre, qui ne veut pas cesser de
l'être!...

TOUS.

Oui!...

ORSO.

Et des frères ennemis, réconciliés au lit de leur mère ago-
nisante?...

TOUS.

Oui!... oui!...

ORSO.

Debout donc, tous ses fils autour d'elle!... et à l'ennemi!...
Avec un seul drapeau! celui de la Cité!...

TOUS.

Vive Sienne!

ORSO.

Et meure poignardé comme un Judas... celui qui pousse
un autre cri de bataille!...

TOUS, agitant leurs armes.

Oui! oui!... Vive Sienne!...

ORSO, triomphant, à Cordelia.

Est-ce là ce que tu voulais, Cordelia?...

CORDELIA, oubliant tout.

Ah!... Je t'aime!... (Orso s'élance sur les marches avec tout le
peuple.)

GIUGURTA, qui a surpris le mot de sa sœur, lui saisit violemment le bras,
et lui dit à demi-voix.

Nous causerons tous deux, après la bataille!... (Cordelia s'arrête, effrayée, tandis qu'Orso s'élance sur les marches, entraînant tout le
peuple avec lui.)

ORSO.

Au rempart!

TOUS, agitant leurs armes.

Au rempart!

FIN DU QUATRIÈME ACTE.

ACTE CINQUIÈME.

La cathédrale de Sienne. — Il fait nuit. — L'église n'est éclairée que par les cierges et la clarté de la lune filtrant à travers les vitraux. — A gauche, premier plan, l'entrée du chœur. Marches. Grilles. — Au deuxième plan du même côté, faisant saillie sur le théâtre, dont elle occupe une grande partie, la chaire. — Au-delà, du même côté, l'entrée de la contre-nef se perdant vers l'abside. — Au fond, le portail latéral de droite. A droite, l'entrée de la nef, avec grille parallèle à celle du chœur. — Une chapelle au premier plan, contre le premier pilier, avec le tombeau des Saracini, exhaussé de trois marches.

SCÈNE PREMIÈRE.

FEMMES, VIEILLARDS, ENFANTS, UN CHANOINE.

(Les uns agenouillés, les autres allant et venant.)

UN CHANOINE de la cathédrale, sur les marches du chœur.

Femmes! — changez ces prières en chants d'allégresse!... L'armée de César est en fuite!... (Mouvement de joie.) Orso est vainqueur! — Vos fils et vos époux victorieux rentrent dans la ville!... (Les femmes, les vieillards et les enfants se dispersent.)

SCÈNE II.

CORDELIA, LE CHANOINE.

(L'église se vide peu à peu. Le chanoine va pour rentrer dans le chœur.)

CORDELIA, entrée par le portail du fond; elle descend, regardant avec inquiétude derrière elle, tandis que la foule se disperse, et arrivée à l'avant-scène, elle s'adresse au chanoine qui remonte les marches du chœur.

Mon Père!...

LE CHANOINE, s'arrêtant.

Madame? — Que puis-je pour vous?

CORDELIA, haletante, comme quelqu'un qui a marché vite, et regardant
avec inquiétude la porte du fond.

L'église est un lieu d'asile, n'est-ce pas?

LE CHANOINE.

Certe!...

CORDELIA, de même.

Un lieu sûr et sacré?... où nul n'oserait commettre un
acte de violence?

LE CHANOINE.

Pourquoi cette question,... Madame?...

CORDELIA.

C'est qu'un homme, qui se croit mortellement offensé par
moi,... mon Père, m'a ce matin menacée de toute sa colère,
après la bataille!... et la bataille est finie!...

LE CHANOINE.

Cet homme n'est peut-être plus en état de menacer personne!...

CORDELIA, vivement.

Dieu me garde d'espérer mon salut à ce prix!... Mais il
revient du combat!... j'en suis sûre... je l'ai vu marcher
vers notre maison... d'un pas si rapide et d'un air si menaçant... que je n'ai pas osé l'y attendre!...

LE CHANOINE, regardant le portail du fond, après elle.

Et il vous suit?...

CORDELIA, même jeu.

Non! mon Père,... non! — Je ne crois pas, du moins,... j'ai
pris par les rues les plus sombres,... jusqu'au Dôme, où j'en-
tendais le chant des orgues, et où il m'a semblé que Dieu
m'offrait lui-même un asile!...

LE CHANOINE.

Que la protection de monseigneur l'Évêque rendrait plus

sûr encore, s'il ne partait en ce moment, pour recevoir à la porte Romaine nos troupes victorieuses!... (On entend dehors des chants d'église qui s'éloignent jusqu'à la fin de la scène.)

CORDELIA, vivement.

Vous allez au-devant d'Orso, mon Père?

LE CHANOINE.

Pour le ramener au Dôme, avec les trophées de sa victoire!...

CORDELIA, rassurée.

Ah! bien! bien, mon Père. — Si Orso vient ici... Voilà qui me rassure tout à fait!...

LE CHANOINE.

Ne voulez-vous pas vous joindre à nous?...

CORDELIA.

Non, mon Père!... non! — Seule, ici,... à prier dans l'ombre, je me crois plus en sûreté pour l'attendre!

LE CHANOINE.

Je le crois aussi, Madame!... Dieu vous garde, jusqu'à notre retour...

CORDELIA.

Merci, mon Père!... Mais à présent,... je n'ai plus rien à craindre!... (Le chanoine disparaît dans le chœur. Elle s'agenouille pour prier sur les marches de l'autel de droite. Les chants d'église s'éloignent de plus en plus.)

SCÈNE III.

CORDELIA, GIUGURTA.

(Il paraît au fond, ouvrant la petite porte du portail, par laquelle est entrée Cordelia, cherche du regard, dans l'église vide, aperçoit Cordelia agenouillée, descend entre les colonnes de la chaire, jusqu'aux marches du chœur, où il s'agenouille un instant, puis va lentement à Cordelia, tandis que s'éteignent au loin les derniers chants de la procession qui s'éloigne.)

GIUGURTA, froidement.

Quand tu auras fini ta prière!... je suis là!...

CODELIA, effrayée, se retournant sans se relever.

Lui!...

GIUGURTA, froid et terrible.

Voilà un cri qui nous épargne bien des paroles!... Tu sais donc ce que j'ai à te dire?...

CORDELIA.

Oui!...

GIUGURTA.

Et tout ce que vient de m'avouer ta complice, Uberta... tout est vrai!... tu ne le démens pas?...

CORDELIA.

C'est vrai!...

GIUGURTA, se contenant.

Cet homme... c'est bien toi qui l'as sauvé?...

CORDELIA.

C'est moi!

GIUGURTA.

Malheureuse!...

CORDELIA, debout.

Aimes-tu mieux que je mente?

GIUGURTA

Donc ce n'était pas assez d'être si mauvaise gardienne de notre honneur?... Il fallait aussi accepter ton outrage... mieux encore... t'y complaire?...

CORDELIA, protestant.

Oh!...

GIUGURTA.

Et que faisais-tu, en lui jetant ton amour impudique à la face,... devant toute la ville?...

CORDELIA.

Rends-le chaste, cet amour... en le faisant bénir par Dieu!

GIUGURTA.

Ton mari?

CORDELIA.

Oui !

GIUGURTA, hors de lui.

Ton mari !... cet artisan !... ce fils de la rue !... Toi Pa-
tricienne !... une Saracini ! ma sœur !! — O fille sans ver-
gogne ! opprobre de ma race ! Ton mari !... Et voilà tout le
châtiment de son crime envers toi ?

CORDELIA.

Et pourquoi toujours son crime, Giugurta ?... et jamais ce
qu'il a fait pour l'expier ? — J'en suis la seule victime !... de
son crime !... Mais l'exploit qui le rachète !... c'est la délivrance de Sienne tout entière !...

GIUGURTA.

Quand je dis... vile créature,... que tu te plais à accepter ta honte !...

CORDELIA.

Eh bien ! oui, je l'accepte ! (Mouvement de Giugurta.) Oui ! —
Et dussé-je en porter le poids toute ma vie... sans rien qui
l'efface ni la répare... Non, je ne crois pas le salut de tout un
peuple payé trop cher, du prix même de mon honneur !...
Va je le sens bien là, maintenant... ce n'est plus une honte,
ce qui ne m'a ravalé si bas, que pour relever si haut ma
Patrie !... et je le crierais à l'univers entier !... Tout ce qu'il
fait là d'héroïque, cet homme !... c'est à cause de moi... c'est
pour moi !... Et j'en suis fière !... et je l'honore, ce coupable...
et je l'admire !... et je l'aime !...

GIUGURTA.

Oh ! misérable !...

CORDELIA, avec passion.

Oui... je l'aime !... Oui !... Tue-moi si tu veux !... je
l'aime !...

GIUGURTA, terrible.

Et c'est pour cet amour, délatrice infâme, que tu livrais
ton frère ?...

CORDELIA.

Moi?

GIUGURTA.

Tu m'as livré!... Ose dire que non!... Quand tu me fer-
mais la seule retraite assurée, pour mieux sauver les jours
de ton amant!...

CORDELIA.

Dis pour t'épargner un crime!...

GIUGURTA.

Au prix d'un autre!...

CORDELIA.

Giugurta!... tu lui dois la vie!

GIUGURTA.

Je ne lui dois plus rien!... Dieu m'en est témoin!... j'ai pu
le tuer dans cette bataille, où sa blessure le réduisait à com-
mander, sans combattre! — Et je n'en ai rien fait!... Je suis
quitte envers lui! — Envers toi... pas encore!... Suis-moi,
hors de cette église!...

CORDELIA, effrayée.

Giugurta, que veux-tu faire de moi?

GIUGURTA.

La place est mal choisie pour te le dire!... Viens!

CORDELIA.

Non!... Je ne te suivrai pas!

GIUGURTA.

Tu sortiras... te dis-je!...

CORDELIA.

Non!... Je ne veux pas quitter cette église!... je ne veux
pas!...

GIUGURTA, l'entraînant.

Tu as donc bien conscience de ce que tu mérites?

CORDELIA, épouvantée.

Ah! tu vois bien!... Tu veux me tuer!

GIUGURTA.

Viendras-tu?

CORDELIA, se débattant et entraînée.

Non!... Tu me tueras!... je ne sortirai pas!... Malheureux!... Quel mal t'ai-je fait? — Pitié! grâce!... A moi!...

GIUGURTA, tirant son poignard.

Par l'enfer!...

CORDELIA, se dégageant et courant se réfugier à l'autel de droite.

Ah! tu ne me tueras pas sur l'autel!

GIUGURTA, redescendant hors de lui, le poignard à la main.

Ici ou ailleurs!... déshonneur de mon sang!... je te frap-
perai, comme j'ai frappé ton infâme complice!...

CORDELIA, terrifiée.

Uberta?...

GIUGURTA, sur les marches, prêt à la frapper.

Je l'ai tuée!...

CORDELIA, poussant un cri terrible.

Morte!... Uberta!... morte!... Ah! assassin! assassin!...
Madone!... sauve-moi!... (Elle s'évanouit sur les marches de l'autel.
Giugurta prêt à la frapper s'arrête.)

GIUGURTA, jetant son poignard.

Non!... pas de sang dans l'église!

SCÈNE IV.

GIUGURTA, CORDELIA évanouie, UN MOINE.

LE MOINE.

Qui donc crie de la sorte?

GIUGURTA.

Mon Frère, cette femme!... vient de tomber subitement en
faiblesse...

LE MOINE.

Une femme?

GIUGURTA.

Ma sœur!

LE MOINE.

Ah! c'est vous, seigneur Giugurta!... (A la vue de Cordelia.) Dieu! qu'elle est pâle!... (Il se penche sur elle.) Appelez de ce côté!...

GIUGURTA, tirant un flacon.

Inutile, mon Frère!... J'ai ici de quoi la ranimer!...

LE MOINE, agenouillé près de Cordelia.

Un cordial?

GIUGURTA, ouvrant le flacon.

Oui!...

LE MOINE.

Donnez!...

GIUGURTA, surpris.

Vous voulez, vous-même?...

LE MOINE, tendant la main.

Oui, oui, donnez vite!...

GIUGURTA, lui donnant le flacon.

A la volonté de Dieu!... (Le moine approche le flacon des lèvres de Cordelia et la fait boire. Giugurta ne le perd pas de vue. — Silence.)

LE MOINE, déposant le flacon sur les marches.

Est-ce chagrin qui la met en cet état, ou maladie?

GIUGURTA, froidement.

Maladie... j'en ai peur maintenant!...

LE MOINE, se relevant avec inquiétude.

Dieu veuille que ce ne soit pas la première atteinte de cet horrible fléau!

GIUGURTA.

La peste!...

LE MOINE, reculant, de plus en plus inquiet.

Nous n'aurions plus qu'à fermer l'église, comme il est ordonné... pour interdire à tous son approche!

GIUGURTA, après un coup d'œil à Cordelia.

Décidément, mon Frère... il vaudrait peut-être mieux appeler quelqu'un !...

LE MOINE.

C'est que nous ne sommes plus que deux ici, à la garde du sanctuaire !... tout le clergé étant allé avec Monseigneur au-devant de nos soldats !... (On entend au loin chanter un chœur de victoire.)

GIUGURTA.

Les voici qui reviennent !... Allez vite chercher votre compagnon, mon Frère ; on ne saurait trouver ici ma sœur en cet état !...

LE MOINE, inquiet.

J'y vais !... Grand Dieu !... la peste dans la ville !... (Il rentre dans le chœur. On entend dans les rues, se rapprochant, le chant de victoire.)

SCÈNE V.

GIUGURTA, CORDELIA évanouie.

(Giugurta, seul, prend le flacon sur les marches, — regarde ce qu'il en reste, et le serre ; puis il va ramasser son manteau et son chapeau tombés à terre, dans sa scène avec Cordelia, et jette le manteau sur son épaule. — Puis il détache une des fleurs qui sont sur l'autel, la trempe dans le bénitier, la jette sur sa sœur, et s'éloigne ; au même instant, le chœur de victoire éclate près de l'église, et dès qu'il a disparu, le portail du fond s'ouvre à deux battants, laissant voir la rue éclairée par la lune, et la foule avec des torches.)

SCÈNE VI.

CORDELIA, évanouie ; ORSO, AZZOLINO, MA-
LERBA, SPLENDIANO, TOLOMEI, PICCO-
LOMINI, MALAVOLTI, SOZZINI, UGONE,
BUONOCORSO, ZANINO, Clergé, Soldats,
Bourgeois, Femmes, Enfants, etc.

CHŒUR ET CHANT DE VICTOIRE.

Gloire au vainqueur
De la horde ennemie!
Gloire au vengeur
De la sainte Patrie!
Gloire au vainqueur!

(Le cortége entre dans l'église par la droite au fond, tandis que la foule l'envahit par la grande porte et la nef. Orso, suivi des chefs Guelfes et Gibelins
qui portent les gonfalons pris à l'Empereur, marche au delà de la chaire vers
le chœur, où l'Évêque vient les recevoir avec tout son clergé. La foule
tournée de son côté ne prend pas garde à Cordelia. Il monte les marches et
se dirige après lui vers l'autel, suivi des chefs portant les drapeaux. — Au
moment où il disparaît dans le chœur, Cordelia, qui s'est ranimée, se soulève, et avec un cri de douleur tend les bras vers lui.)

CORDELIA.

Orso !... (Les soldats et le peuple, dont l'attention était toute du côté
du chœur, se retournent à ce cri, et les plus rapprochés d'elle se reculent
avec effroi, la démasquant à tous.)

TOUS

Une femme !...

CORDELIA, se soulevant.

Je brûle !... Du feu, là !... du secours ! (Elle retombe inanimée.)

TOUS, effrayés.

Dieu !...

LE MOINE.

Malheur à nous!... Son frère s'est enfui!... C'est la
peste!...

TOUS, poussant un cri d'épouvante et reculant aussi loin qu'ils peuvent,
laissant Cordelia seule à l'avant-scène.

La peste!...

ORSO reparaissant sur les marches du chœur, précédé des chefs.

Qu'est-ce donc? — Qu'y a-t-il?...

UGONE, lui montrant Cordelia.

Orso!...

LES AUTRES.

Cette femme... vois!

ORSO.

Cordelia!... (Il veut s'élancer, tous se jettent au-devant de lui.)

MALERBA, et les autres chefs.

Arrête, malheureux!...

UGONE.

C'est la peste!...

ORSO, que l'on retient.

Juste ciel! — Et vous la laissez là?....

TOUS, même jeu, devant lui.

Arrête! Orso! arrête!...

ORSO, se débattant contre tous les bras qui le retiennent.

Laissez-moi!...

TOUS, le retenant.

Non! non!...

UGONE.

Orso! — c'est la loi!...

MALERBA.

Si ta main touche la sienne!...

UGONE.

Tu es mort avec elle, pour ce monde!

ORSO, hors de lui.

Eh bien, oui... oui, la mort avec elle! (Furieux et tirant son épée.) Je tue qui m'arrête! (On recule, il se dégage, et s'élance vers Cordelia, en jetant son épée.) Cordelia!... ma Cordelia!...

CORDELIA, dont il soulève le front.

Orso?...

ORSO.

Oui, c'est moi, Orso!... Qu'as-tu?... Réponds-moi?... Cette pâleur? Cette fièvre!...

CORDELIA, avec bonheur.

Ah! te voilà enfin!.. (Tristement.) Mais trop tard! (Retombant avec un soupir.) Trop tard!...

ORSO, debout, se tournant vers la foule.

Du secours!...

TOUS, tirant l'épée.

Arrière!

ORSO, à ses amis.

Aidez-moi!...

LES CHEFS, tirant leurs épées et faisant cercle autour d'eux à distance.

Arrière, Orso!

ORSO.

Vous... mes amis!... vous?...

MALERBA.

Tu l'as voulu!...

UGONE.

Tes mains ont touché les siennes!...

SPLENDIANO.

Il y va du salut de tout un peuple!... (Mouvement d'Orso.)

TOUS, l'épée tournée vers lui et réfugiés sur les marches du chœur.

Arrière!

ORSO.

Quoi?... lâches!... rien pour elle!... ni pitié... ni secours!...

MALERBA.

Les secours sont derrière l'autel !... Tout ce qu'il faut pour
t'aider à vivre, et pour l'aider à mourir !...

UGONE.

N'attends plus rien autre de nous !...

ORSO, à genoux près de Cordelia, inanimée.

Oh ! ma Cordelia !... Voilà tout ce qu'il fait pour toi, ce
Peuple que tu as sauvé !...

MALERBA.

Toi qui l'a sauvé avec elle, Orso !... veux-tu donc le
perdre ?... La loi est implacable, et tu dois, comme nous,
obéir à ce qu'elle ordonne !...

ORSO, se redressant.

Et qu'ordonne-t-elle encore... cette loi ?...

SPLENDIANO.

Vous n'êtes plus des vivants de ce monde.

UGONE.

Et l'église, vaste tombeau, va se fermer sur vous !...

ORSO.

Se fermer ?...

MALERBA.

Ces portes seront clouées, Orso... c'est la loi !... comme
les planches de votre cercueil !... (L'Évêque paraît dans le chœur.)

ORSO.

Mais c'est horrible !... cela !... C'est horrible !... (A la vue
d'Azzolino.) Prêtre... est-ce la volonté de Dieu qu'un tel acte
s'accomplisse ?....

AZZOLINO, douloureusement.

Mon fils, je représente ici le Dieu mort pour le salut de
tous ?

ORSO, frappé.

Tu as raison, mon Père ! — Et pardonnez-moi tous ! Je me
soumets !... C'est justice !... (Toutes les épées rentrent aux fourreaux.)

MALERBA, faisant signe à tous pour sortir.

Allons!... (Mouvement.)

ORSO.

Arrêtez !... (Tous s'arrêtent. — A l'Évêque.) Seigneur,... avant que ces grilles se ferment sur nous,... et puisque mon corps est bien perdu,... sauve d'abord mon âme!... par l'absolution de mon crime!...

AZZOLINO.

Ton crime?

ORSO, montrant Cordelia insensible à tout ce qui se passe.

Cette femme, ô mon Père,... je m'en accuse ici devant tous!... je l'ai outragée dans son honneur!... Fais que je ne paraisse pas devant Dieu chargé du poids de cette iniquité... et ces deux âmes, unies dans la mort,... unis-les pour l'éternité!...

AZZOLINO.

Oui, mon fils!... Et Dieu ne refusera pas aux prières d'un vieillard le bonheur céleste qu'il ose implorer pour vous!... (Chant des orgues.)

ORSO, prenant Cordelia dans ses bras.

Viens, Cordelia,... viens! mon âme!... (Il la conduit jusqu'au milieu de la scène, où elle s'agenouille, soutenue par lui.) Et écoute... écoute, je t'en supplie!... et tâche de comprendre...

CORDELIA, faiblement.

Je comprends!...

ORSO, l'entourant de ses bras pour la soutenir.

On va nous unir! — Tu le veux bien,... n'est-ce pas, maintenant?...

CORDELIA.

Oh! oui!... Soulève-moi!... (Les femmes s'agenouillent.)

AZZOLINO.

Au nom du Dieu de bonté et de miséricorde, ô mes enfants,... chers enfants, confiés à ma garde,... je vous bénis!...

CORDELIA, avec joie.

Merci!... (Elle retombe. — Azzolino fait un pas pour aller à elle. D'un geste, Malerba et Ugone arrêtent ce mouvement, et l'Évêque se retire avec le clergé.)

TOUS.

Adieu! Orso!...

UGONE.

Vois dans nos larmes tout ce que nos mains ne peuvent plus te dire.

TOUS.

Adieu!... (Ils se retirent par le chœur dont on ferme les grilles. — Tout le monde s'éloigne lentement, sans les quitter du regard. — L'église reste vide. — Les grilles fermées. — Au fond, la grande porte se referme avec un bruit sourd. — Puis le bruit d'une autre porte qui se ferme plus loin, puis une autre porte encore plus loin. — Puis le silence.)

SCÈNE VII.

ORSO, CORDELIA.

(Orso, qui a tressailli à chaque porte qui se ferme, se penche sur Cordelia avec l'espoir de lui cacher ce qui se passe.)

CORDELIA, à Orso, après un silence.

Orso,... où es-tu?

ORSO.

Ici... près de toi!...

CORDELIA.

Qu'est-ce que ce bruit?

ORSO, affectant l'indifférence.

Ce sont les portes de l'église que l'on ferme!...

CORDELIA.

Pourquoi me laisses-tu dans cette église où j'ai si froid?...

ORSO.

Hélas! oui,... ce marbre est glacé!... (Il lui fait un coussin de son manteau.) Appuie-toi là, sur mon bras!...

CORDELIA.

Ils sont donc partis, tous?... Pourquoi?

ORSO.

Qu'importe!...

CORDELIA.

L'Évêque aussi?... (Se soulevant, inquiète.) Ah! je ne l'ai pas rêvé... n'est-ce pas?... Je suis bien ta femme?...

ORSO, baisant ses mains.

Oui! oui! ma femme... ma chère et bien-aimée femme!...

CORDELIA, avec effroi.

Et Giugurta?

ORSO.

Ton frère?

CORDELIA, baissant la voix.

Où est-il?

ORSO.

Ne pense plus à lui!

CORDELIA.

Si... Giugurta!... J'ai peur!...

ORSO.

Avec moi?

CORDELIA, à voix basse, lui montrant le pilier de gauche près de la chaire.

Il est là!

ORSO.

Non!

CORDELIA

Si!... je le vois... là-bas!... tiens!... derrière ce pilier!... Il me guette!... Il veut m'entraîner hors de l'église, comme tout à l'heure!

ORSO.

Tout à l'heure?... Tu l'as vu?

CORDELIA, dont l'effroi grandit.

Oui!... Pour me tuer dehors!... comme Uberta!... mais je n'ai pas voulu le suivre!... je me suis débattue!... Je ne veux as!... (Avec épouvante.) Orso! défends-moi!

ORSO.

Apaise-toi, pauvre âme!... Nous sommes seuls, et Giugurta n'a plus rien à faire ici!...

CORDELIA, revenant à elle, après un silence, et retombant douloureusement.

C'est vrai!... maintenant qu'il m'a tuée!

ORSO, tressaillant.

Tuée?...

CORDELIA.

Oui!... le poison!... C'est lui!... Je le sais bien!...

ORSO.

Le poison?

CORDELIA.

Oui!... je l'ai vu!... le flacon à la main!...

ORSO, se relevant.

Le poison!... c'est?... Ah! malédiction sur moi! c'est le poison!...

CORDELIA, doucement.

Qu'as-tu?...

ORSO, courant à la grille du chœur.

Au secours!... à moi!... à l'aide!... (Il prête l'oreille, et n'en endant rien, il reprend avec plus de force.) Prêtres! m'entendez-vous?...

CORDELIA.

Orso!...

ORSO, courant à la porte du fond et frappant sur cette porte qui résonne sourdement.

Malerba!... Splendiano! mes amis!... Écoutez-moi!... C'est le poison!... Sauvez-la! Au nom du ciel! répondez-moi!... (Il écoute. — Sience profond. — Furieux, ébranlant la porte.) Mais répondez-moi donc, misérables! (Silence.)

CORDELIA, épouvantée.

Mon Dieu !... qu'est-ce donc ?

ORSO, sans lui répondre, redescendant fou de douleur.

Rien !... rien !... que ces voûtes qui résonnent !... Oh !... peuple infâme !... lâches bourreaux qui nous murent là tout vifs ! (On entend au loin, dans la rue, le chant de victoire.) Et i's chantent !... ils chantent ma victoire !... Ah ! cette grille !... je la briserai bien, et de ses débris !... je la démolirai, leur tombe! (Il s'élance sur la grille de droite et cherche à l'arracher, puis tout à coup pousse un cri de douleur.) Ah !...

CORDELIA, se redressant sur ses genoux.

Orso !...

ORSO, livide, se cramponnant à la grille.

Oh ! Dieu !...

CORDELIA.

Ce cri?

ORSO, d'une voix défaillante.

Rien !... ne bouge pas !...

CORDELIA, cherchant à se relever pour aller à son secours.

Qu'as-tu ?...

ORSO.

Rien... te dis-je !... Cet effort que j'ai fait !... Ma blessure s'est rouverte !...

CORDELIA.

Ah ! Dieu !... attends... (La force lui manque et elle retombe en soupirant d'une voix déchirante.) Ah! je ne peux plus te secourir cette fois!... je ne peux pas!...

ORSO.

Qu'importe, moi !... Puisse toute ma vie s'écouler avec

mon sang!... c'est le mieux à présent!... (Revenant à elle avec désespoir.) Mais toi!... toi!... que j'aurais pu sauver peut-être! et qui vas mourir là... par ma faute!...

CORDELIA.

Ta faute ?

ORSO, désespéré, à genoux près d'elle.

Oui, ma faute! oui!... ton frère t'a tuée! c'est moi qui l'achève!... c'est moi, moi ton assassin!... Ah! Dieu cruel!... j'avais pourtant bien expié tout le reste!... tu ne me devais plus cette douleur en mourant! — Non! non! tu n'es pas juste! (Il fond en larmes.)

CORDELIA, relevant son front et l'entourant de ses bras.

Pourquoi pleures-tu? — N'aimes-tu pas mieux mourir avec moi?... Notre tâche est finie!... Quittons ce monde où nous n'avons plus rien à faire!... et viens dans la Patrie céleste,... où l'on ne souffre pas!... où l'on ne hait pas!... où l'on aime!...

ORSO.

Ah! cette main glacée!...

CORDELIA.

J'ai si froid! (Elle frissonne.) Ma vie s'éteint tout doucement!...

ORSO, l'enveloppant de son manteau et perdant ses forces.

Comme la mienne!...

CORDELIA, grelottant dans ses bras.

Plus près!... plus près !

ORSO, l'entourant de ses bras.

Pourvu qu'on nous ensevelisse comme nous sommes là!...

CORDELIA.

Ne me quitte pas!... Je ne te vois plus!... C'est la fin!... La nuit!... Je m'endors!...

ORSO.

Cordelia!...

CORDELIA.

Je t'aime!... Viens-tu?... (Elle expire.)

ORSO, recueillant son dernier soupir, puis l'étendant sur son manteau, et agenouillé au-dessus d'elle, d'une voix mourante.

A présent, Mort!... quand tu voudras!...

FIN.

Paris. — Charles UNSINGER, imprimeur, 83, rue du Bac

DERNIÈRES PIÈCES PARUES

	fr. c.		fr. c.
Jean Baudry, *pièce*	2 »	Le Fandango, *ballet pant.*	1 »
La Papillonne, *comédie*	2 »	La Comtesse Romani, *com*	2 »
Charlotte Corday, *drame*	2 »	Le Roi de Lahore, *opéra*	1 »
La Moabite, *pièce en vers*	2 »	Cinq-Mars, *drame lyrique*	1 »
Rataplan, *revue*	2 »	Oh ! Monsieur ! *saynète*	1 »
Les Braves Gens, *comédie*	2 »	Les Charbonniers, *opérette*	1 50
Belle Lurette, *opéra comique*	2 »	Le Tunnel, *comédie*	1 50
Nina la Tueuse, *comédie*	1 50	L'Hetman, *pièce en vers*	2 »
Daniel Rochat, *comédie*	2 »	L'Etrangère, *comédie*	2 »
La Petite Mère, *comédie*	2 »	Paul Forestier, *com. en vers*	2 »
L'Amiral, *comédie en vers*	2 »	Le Prince ! *comédie*	2 »
Jean de Nivelle, *opéra com*	1 »	Mariages riches ! *comédie*	2 »
Chevalier Trumeau, *c. en vers*	1 »	Aïda, *opéra*	1 »
Papa, *comédie*	2 »	Paul et Virginie, *opéra*	1 »
Vercingétorix, *drame*	4 »	La Partie d'échecs, *comédie*	1 50
Les Mouchards, *pièce*	» 50	Sylvia, *ballet*	1 »
La Victime, *comédie*	1 50	Madame Caverlet, *comédie*	2 »
Beau Nicolas, *opéra comique*	2 »	Piccolino, *opéra comique*	2 »
Le Mari de la débutante, *com.*	2 »	Boulangère a des écus, *o. bouf.*	2 »
La Jolie Persane, *opéra com*	2 »	Loulou, *vaudeville*	1 50
Anne de Kerviler, *drame*	1 50	Monsieur attend Madame, *com.*	1 50
Jonathan, *comédie*	2 »	Petite Pluie, *comédie*	1 50
Lolotte, *comédie*	1 50	Le Panache, *comédie*	2 »
La Famille, *comédie*	1 50	Fanny Lear, *comédie*	2 »
L'Etincelle, *pièce*	1 50	Carmen, *opéra comique*	1 »
Les Tapageurs, *comédie*	2 »	L'Oncle Sam, *comédie*	2 »
Le Petit Hôtel, *comédie*	1 50	La Haine, *drame*	2 »
La Petite Mademoiselle, *op. c.*	2 »	La Boule, *comédie*	2 »
Yedda, *ballet*	1 »	La Mi-Carême, *vaudeville*	1 50
Etienne Marcel, *opéra*	1 »	Le Homard, *comédie*	1 50
L'Age ingrat, *comédie*	2 »	Le Sphinx, *drame*	2 »
Les Danicheff, *com.*	2 »	Monsieur Alphonse, *pièce*	2 »
La Camargo, *opéra com*	2 »	Jeunesse de Louis XIV, *com*	2 »
Les Amants de Vérone, *opéra*	1 »	La Petite Marquise, *comédie*	2 »
Le Phonographe, *à-propos*	1 »	Jean de Thommeray, *comédie*	2 »
Le Gascon, *drame*	2 »	Libres ! *drame historique*	2 »
Le Club, *comédie*	2 »	Toto chez Tata, *comédie*	1 50
Les Vieilles Couches, *comédie*	2 »	Chez l'avocat, *comédie*	1 50
Les Fourchambault, *comédie*	2 »	L'Eté de la Saint-Martin, *com.*	1 50
Le Petit Duc, *opéra comique*	2 »	Le Roi Candaule, *comédie*	1 50
Hernani, *pièce*	2 »	La Femme de Claude, *pièce*	4 »
Scandales d'hier, *comédie*	2 »	Un Monsieur en habit noir, *c.*	1 50
La Cigale, *comédie*	2 »	Le Réveillon, *pièce*	2 »

Paris. — Imprimerie Ph. Bost, 3, rue Auber